mein Landleben

Neue Rezepte – raffiniert, lecker, vielseitig

Rund ums Ei!

mein Landleben

Rund ums Ei!

von Hanna Renz

Neue Rezepte – raffiniert, lecker, vielseitig

Danke

Folgenden Firmen möchten wir für die gute Zusammenarbeit und die Bereitstellung ihrer Produkte für dieses Buch danken:
Der Firma **Silit** für ihre Töpfe und Pfannen, die uns ein tolles Ergebnis beim Zubereiten der Speisen ermöglicht haben.
Der Firma **Kenwood** für die Küchenmaschine Cooking Chef, die uns das perfekte Gelingen schwieriger Rezeptpassagen leicht gemacht hat.
Der Firma **Zwiesel** für die bestechend schönen Glasprodukte auf unseren Bildern.

Impressum

Gestaltung und Satz: Ravenstein, Verden
Lektorat: Anneke Bosse

Titelfoto und Fotos im Innenteil: Ulrich und Hanna Renz

Druck: Westermann Druck, Zwickau

Deutsche Nationalbibliothek – CIP-Einheitsaufnahme
Die Deutsche Nationalbibliothek verzeichnet diese Publikation in der Deutschen Nationalbibliografie; detaillierte bibliografische Daten sind im Internet über http://dnb.ddb.de abrufbar.

Printed in Germany

ISBN 978-3-8404-3511-9

Vorwort

Um das Ei wirklich kennenzulernen, ist das Leben zu kurz.

„Nur" ein Ei?! Das Ei ist ernährungswissenschaftlich und ernährungstechnisch gesehen wirklich etwas ganz Besonderes. Es ist leicht verdaulich, liefert Eiweiß höchster Güte und enthält neben etwas Fett noch reichlich Vitamine und Spurenelemente. Aufgrund der besonderen Eigenschaften und Zusammensetzung seiner Inhaltsstoffe bietet es dazu eine Vielzahl an Verwendungsmöglichkeiten beim Kochen und Backen. Ja, noch selbst seine Schale erfreut sich großer Beliebtheit als Dekorationsgegenstand.

Aber ob dem Ei die ihm zustehende Beachtung wirklich zukommt? Natürlich kann man es ohne weiteres Nachdenken in Wasser hart kochen oder gedankenlos die Liste der Zutaten abarbeiten, so wie man ein hochwertiges Stück Fleisch aus Mangel an Wertschätzung zunichtemachen kann. Um auf der einen Seite den feinen Eigeschmack wahrzunehmen und auf der anderen Seite die vorzüglichen Eigenschaften des Küchenwunders Ei schätzen zu können und damit auch zu arbeiten, bedarf es Sorgfalt, der Kenntnis einiger simpler Grundlagen und natürlich der richtigen Rezepte.

Die volle Kraft steckt im Ei, machen Sie sich diese zunutze. Viel Freude beim Lesen und Zubereiten!

Hanna Renz, im Februar 2012

Inhalt

Das Ei

Sinnbild und kulinarischer Genuss

Das Ei ist in der Küche der zweite Koch.

Eine lange Geschichte

Aus unserer modernen Küche ist das Ei nicht wegzudenken. Mit seinen hervorragenden Eigenschaften ist es heute noch Grundlage für unzählig viele Verwendungszwecke zum Kochen und Backen, aber sogar auch in der Medizin und in technischen Bereichen.

Die ältesten Hinweise auf das Haushuhn stammen aus Indien und sind etwa 4000 Jahre alt. Geschichtliche Bedeutung hatte aber über lange Zeit vor allem der Hahn. Vielerorts galt er als heilig. Nach altertümlicher Vorstellung vertrieb der Hahn mit seiner Stimme Zauberer sowie Dämonen und hatte daher eine Aufgabe als Beschützer von Haus und Hof. Später verwendete man ihn als Opfergabe für die Genesung von Krankheiten. Noch toller trieben es die Römer: Sie schrieben dem Hahn die Fähigkeit zu, die Zukunft voraussagen zu können, indem sie je nach Verhalten der Tiere beim zeremoniellen Hinwerfen des Futters guten oder schlechten Ausgang für geplante Kriegszüge und Staatsgeschäfte ablasen. Unsere Wetterhähne und Abbildungen von Hähnen an alten Gebäuden weisen noch auf den überlieferten Mythos hin. Reisende aus dem Orient führten selbst bis in das 20. Jahrhundert hinein auf ihren Handelsstraßen Hähne für ihre Karawanen mit, damit sie morgens nicht zu spät aufbrachen – die Hähne dienten quasi als Reisewecker.

Auch das Hühnerei hat tiefe und lang zurückreichende symbolische Bedeutungen. Eier wurden als Opfergabe verwendet, versinnbildlichten verschiedenste Weltanschauungen und waren schon immer beliebte Dekorationsgegenstände. Das Bemalen von Eiern war bereits in alten Kulturen, zum Beispiel bei den Ägyptern, den Chinesen oder den Persern, verbreitet und reichte von der einfachen Färbung bis hin zur kunstvoll filigranen Gestaltungstechnik.

Quellen deuten darauf hin, dass man auch bei uns die Haushühner und ihre Eier längst schätzte. Das Ei war besonders als Krankenkost sehr bekannt. Im Mittelalter war es zugleich harte Währung in Not- und Kriegszeiten. Heute sind Eier ein selbstverständliches Grundnahrungsmittel und überall erhältlich – nur nicht mehr hinter dem Haus, denn dort gibt es meist keine Hühner mehr.

Was enthält ein Ei?

Eier sind sehr gesund, da sie reich an wertvollen Nährstoffen sowie an Mineralien und Vitaminen sind. Ein Ei deckt zum Beispiel bereits mehr als ein Zehntel des täglichen Eiweißbedarfs eines Erwachsenen und rund ein Drittel der empfohlenen Vitamin-D-Zufuhr.

Das Eigelb ist nährstoffreicher und enthält rund 50 Prozent Wasser, wohingegen das Eiweiß aus 87 Prozent Wasser besteht.

Als Naturprodukt unterliegen die Nährwertangaben Schwankungen, und vor allem das Hühnerfutter hat einen erheblichen Einfluss darauf, was tatsächlich im Ei steckt. Folgende Durchschnittswerte für ein Ei der Größe M können zur Orientierung herangezogen werden:

- 80 kcal
- 7 g Eiweiß
- 6 g Fett, davon mehr als die Hälfte ungesättigte Fettsäuren
- 0,3 g Kohlenhydrate
- Alle Vitamine (Ausnahme: kein Vitamin C), besonders viel Vitamin D und Vitamin B12
- Viele Mineralstoffe und Spurenelemente, vor allem Kalzium, Phosphor, Eisen, Natrium, Zink, Kalium und Selen

Das gefürchtete Cholesterin

Weitverbreitet ist immer noch die Annahme, dass das Ei sehr viel Cholesterin in den menschlichen Organismus transportiert. Inzwischen hat sich durch Studien in der Ernährungswissenschaft herausgestellt, dass die Menge an Cholesterin, die mit der Nahrung zugeführt wird, eher eine untergeordnete Rolle spielt. Die Leber produziert etwa 80 Prozent des im Blut befindlichen Cholesterins. Somit

Ein Spiegelei ist eine gesunde Mahlzeit und wird zu Unrecht für einen hohen Cholesterinwert verantwortlich gemacht.

ist nicht die Ernährung, sondern der Stoffwechsel für den Hauptteil des verfügbaren Cholesterins verantwortlich.

Das richtige Ei wählen

Wenn in diesem Buch vom Ei die Rede ist, dann geht es immer um das Hühnerei. Viele andere Eier sind ebenfalls genießbar, und wenn Sie die Möglichkeit haben, an Enten- oder Gänseeier zu kommen, dann können Sie diese ebenfalls vorzüglich zum Backen verwenden. Nur müssen Sie in diesem Fall das unterschiedliche Gewicht der Eier berücksichtigen und in den Rezepten entsprechend umrechnen.

Bei den Rezepten in diesem Buch wird immer von der Eiergröße M ausgegangen – diese Größe ist am geläufigsten und auf der Verpackung aufgedruckt.

Ein weiteres Unterscheidungskriterium beim Eierkauf ist die Herkunft. Nach europäischen Verordnungen unterliegen Eier strengen Qualitätskontrollen. Auf jeder Verpackung und aufgestempelt auf jedem Ei finden Sie Angaben zur Haltungsform, zum Herkunftsland (DE steht für Deutschland) und, in einer weiteren siebenstelligen Ziffer verschlüsselt, zu dem Regierungsbezirk, dem Betrieb und dem einzelnen Stall.

Relevant ist vor allem die erste Ziffer:
0 = Ökologische Erzeugung
1 = Freilandhaltung
2 = Bodenhaltung
3 = Käfighaltung

Drum prüfe, wer sich bindet

Als Produkt von Lebewesen können sich auf dem Ei verschiedene Erreger, zum Beispiel Viren oder Bakterien, befinden. Um sicherzugehen, dass diese nun nicht ins Ei hineingelangen können, sollte zuerst der optische Zustand überprüft werden. Ein Ei sollte beispielsweise keine Risse in der Schale aufweisen. Farblich abgesetzte Linien dagegen sind keine Risse und stellen keine Einschränkung dar. Unebenheiten auf der Schale sind ebenfalls ohne Belang.

Im Ei möglicherweise vorhandene Spuren von Blut beeinträchtigen die Qualität nicht. Sie können während der biologischen Entwicklung durch geplatzte Äderchen entstehen. Einlagerungen von Fremdpartikeln machen das Ei dagegen unbrauchbar. Solche Eier kommen aber dank der strengen Qualitätsprüfungen nicht in den Handel.

Tipps zur Lagerung

Richtig gelagert wird das Ei am besten bei Temperaturen unter 12 Grad, trocken und an einem dunklen und zugfreien Ort. Dann ist es bis zu vier Wochen haltbar, verliert währenddessen jedoch bereits an Qualität. Deshalb sollten Eier am besten innerhalb von 14 Tagen verwendet werden.

Um den Frischezustand von Eiern zu überprüfen, gibt es einen einfachen Trick, der darauf beruht, dass die natürliche Luftkammer in einem Ei mit der Zeit größer wird, da Flüssigkeit aus dem Ei verdunstet. Zum Frischetest füllen Sie ein Glas mit Wasser: Ein ganz frisches Ei wird auf den Boden sinken; ein mehrere Tage altes Ei richtet sich im

Frisches Ei: Es liegt auf dem Boden des Wasserglases.

Nicht mehr ganz so frisch: Das Ei richtet sich im Wasser auf.

Altes Ei: Schwimmt es oben, sollte es nicht mehr verwendet werden.

Wasser auf. Ein altes Ei schwimmt an der Oberfläche und sollte nicht mehr verwendet werden.

Gekocht oder roh?

Schnell kann es passieren, dass ein gekochtes Ei unter die noch ungekochten gerät. Lassen Sie im Zweifelsfall das Ei auf einer glatten Unterlage im Kreis drehen. Gekochte Eier drehen sich sofort und schnell. Ein rohes Ei wird sich verzögert und langsamer drehen.

Auch an einem aufgeschlagenen Ei kann man das Alter erkennen. Bei einem ganz frischen Ei bildet das Eiweiß (auch Eiklar genannt) eine kugelige Wölbung um das Eigelb (Eidotter) und ist relativ fest. Nur zum Rand hin wird es etwas flüssiger und flach. Je weniger frisch das Ei ist, desto gleichmäßiger flach umgibt das Eiweiß das Eigelb.

Hygiene ist wichtig

Eierschalen wirft man am besten gleich weg, damit die Arbeitsfläche erst gar nicht beschmutzt wird. Gleich nach dem Anfassen von Eiern oder Eierschalen sollten die Hände mit Seife gewaschen werden, erst dann sollte man mit der weiteren Zubereitung fortfahren.

Eier sollen nicht abgewaschen werden, da sonst der natürlich vorhandene Schutzfilm entfernt wird.

Salmonellen sind Bakterien, die bei Temperaturen über 70 Grad absterben, sodass bei gekochten oder gebackenen Eierspeisen keinerlei Gefahr besteht. Die Salmonellenbelastung nimmt mit zunehmendem Alter der Eier zu, sodass für Rezepte mit rohen Eiern ausschließlich sehr frische Eier verwendet werden dürfen. Wird sauber und mit frischen Produkten gearbeitet, ist die Wahrscheinlichkeit einer Salmonelleninfektion äußerst gering, und ohnehin verspüren oft nur Menschen mit einem schlechten Gesundheitszustand oder schweren Vorerkrankungen die typischen Infektionssymptome. Speisen mit rohen Eiern sollten jedoch generell zügig verzehrt oder maximal für kurze Zeit im Kühlschrank gelagert werden.

Sollten allerdings Bauchschmerzen oder gar blutiger Stuhlgang auftreten, ist wie bei jeder Gefahr einer Lebensmittelvergiftung immer unverzüglich ärztlicher Rat einzuholen.

Eier richtig verarbeiten

Eier aufschlagen

Das Aufschlagen von Eiern geschieht durch eine geschickte Handbewegung, ohne dass dabei die ganze Schale zerbricht, und ermöglicht das anschließende Trennen von Eigelb und Eiweiß.

Das Ei wird dazu kurz an einem Schüssel- oder Tellerrand so angeschlagen, dass sich rings um das Ei ein Riss bildet. An der Aufschlagstelle das Ei mit beiden Daumen fassen und über einem Gefäß behutsam auseinanderdrücken. Da sich beim Aufschlagvorgang einzelne Schalensplitter mit lösen können, ist es ratsam, jedes einzelne Ei zuerst in einzelne Schalen oder Unterteller gleiten zu lassen, bevor man es zum Beispiel zum vorbereiteten Kuchenteig gibt. Außerdem ermöglicht dieser Vorgang eine zusätzliche Kontrolle, falls sich ein fehlerhaftes Ei zwischen die anderen gemogelt hat.

Eier trennen

Zum Trennen von Eiweiß und Eigelb das angeschlagene Ei am besten schräg über ein Gefäß halten. Nun das Eigelb zwei- bis dreimal von einer Schalenhälfte in die andere gleiten lassen. Dabei löst sich das Eiweiß vom Eigelb ab. Das Eigelb in ein separates Gefäß gleiten lassen.

Im Handel gibt es alternativ einige Hilfsmittel zum Trennen von Eiern. Geeignet ist auch ein grobmaschiges Sieb.

Die richtige Sorgfalt ist in jedem Fall besonders angebracht. Schon Spuren von Eigelb verhindern, dass man Eiweiß steif schlagen kann.

Eiweiß zu festem Schaum schlagen

Unbedingt erforderlich sind saubere, fettfreie Gefäße und Hilfsmittel. Am besten gelingt das Steifschlagen von Eiweiß mit einem elektrischen Rührgerät oder einem Mixer.

Zu einem ausgiebigen Frühstück
gehört das Ei dazu!

Beginnen Sie, das Eiweiß langsam zu schlagen, und steigern Sie dann die Geschwindigkeit bis zur höchsten Stufe, bis sich ein stichfester Schaum (Eischnee) gebildet hat. Eventuell eine Prise Salz oder einige Tropfen Zitronensaft dazugeben, damit das Eiweiß ganz fest wird.

Eischnee unterheben

Damit eine Masse luftig bleibt, darf Eischnee nur vorsichtig unter den Teig oder die Creme gehoben werden. Dies gelingt am besten, indem man den Teig beziehungsweise die Creme zunächst mit 1 bis 2 Esslöffeln Eischnee flüssiger macht und dann den gesamten restlichen Eischnee dazugibt. Nun mit einem Holzlöffel vorsichtig in kreisenden Bewegungen von oben nach unten unterheben, damit der Eischnee nicht zusammenfällt.

Der Umgang mit Eigelb

Auch für die Verarbeitung von Eigelb sind saubere, fettfreie Hilfsmittel und Gefäße unverzichtbar. Grundsätzlich bei allen Gerichten, aber speziell bei Omeletts und Soufflés sind frische, sachgemäß gelagerte Eier eine wichtige Voraussetzung für das Gelingen.

Eigelb im Wasserbad erhitzen

Ein im Wasserbad erhitztes Eigelb bindet Soßen oder Cremes perfekt. Geben Sie dazu das Eigelb in eine Metallschüssel, die Sie in einen mit Wasser gefüllten Topf stellen. Dabei darf das Wasser nicht in die hineingestellte Schüssel gelangen. Nun das Wasser bis auf circa 50 Grad erhitzen und das Eigelb mit dem Schneebesen rühren, bis es sämig wird. Es muss sich „zur Rose abziehen" lassen. Das bedeutet: Wenn man einen Holzlöffel in die Creme taucht und anschließend auf die am Löffel haftende Creme pustet, soll sie rosettenartig auseinanderfließen.

Das perfekte Frühstücksei

Über das Frühstücksei lässt sich vortrefflich philosophieren, wie Loriot einst meisterhaft bewies. Die Geschmäcker sind verschieden – während manch einer ein wachsweiches Ei bevorzugt, das 5 Minuten oder weniger Kochzeit benötigt, bestehen andere auf Eiern mit festem Eigelb, das nach circa 7 bis 8 Minuten Kochzeit entsteht. Entscheidend ist hier neben der Eiergröße auch die Frische: Ganz frische Eier brauchen eine etwas

längere Kochzeit als Eier, die bereits ein paar Tage gelagert wurden.

Um ein Aufplatzen zu verhindern, ist es ratsam, das Ei vor dem Kochen mit einer feinen Nadel beziehungsweise einem speziellen Eierpikser anzustechen.

Eier als Dekoration

Eier gehören zu einem Osterfest einfach dazu und der Kreativität beim Gestalten sind kaum Grenzen gesetzt.

Eine sehr schöne und einfache Methode besteht darin, Blüten, Gräser und Kräuter mit Stücken einer Feinstrumpfhose an einem Ei zu fixieren, ehe es in gefärbtem Wasser gekocht wird. Hierzu gibt es im Handel auch sehr feine Naturfarben aus Wurzeln, Rinde, Blättern und Ähnlichem.

Eierschalen eignen sich außerdem als hübsche Tischdekorationen. Man kann sie zum Beispiel mit kleinen Zwiebelblumen oder Frühlingsblüten füllen. Besonders die größeren Gänseeier kann man hierzu auch für entsprechende Festtafeln verwenden.

Erläuterungen und Abkürzungen

Das richtige Mehl

Wenn in den Rezepten von Mehl die Rede ist, dann ist Weizenmehl Type 405 gemeint. Sie können es aber auch durch Type 550 oder durch Dinkelmehl Type 630 ersetzen.

Backofentemperatur

Grundsätzlich ist bei den angegebenen Temperaturen die Einstellung Ober-/Unterhitze gemeint. Für die Betriebsart Heißluft sowie für Gasherde gelten andere Einstellungen, die Sie ebenso wie die Wahl der richtigen Backofenschiene der Bedienungsanleitung Ihres Ofens entnehmen können.

Bd.	=	Bund
g	=	Gramm
mg	=	Milligramm
geh.	=	gehackt
gek.	=	gekocht
gem.	=	gemahlen
ger.	=	gerieben
gr.	=	große/-r
l	=	Liter
ml	=	Milliliter
Msp.	=	Messerspitze
Pck.	=	Päckchen
Pr.	=	Prise
Tr.	=	Tropfen
TL	=	Teelöffel
EL	=	Esslöffel

Suppen und Vorspeisen

Im Ei selbst steckt die Kraft zum Gelingen.

Eierstichsuppe

Zutaten: (für 4 Portionen)

2 Eier | 2 EL Milch | etwas Salz | 1 Pr. gem. Muskatnuss | etwas Butter | 1 l Gemüse- oder Fleischbrühe

Zubereitung:

1. Die Eier in einer Schüssel aufschlagen.
2. Die Milch und die Gewürze mit den Eiern verquirlen.
3. Eine Metallschüssel mit Butter ausstreichen. Die Eimasse in die Metallschüssel geben.
4. Wasser in einem Topf bei mittlerer Temperatur erhitzen. Die Masse in der Metallschüssel abgedeckt so lange im Wasserbad erhitzen, bis sie stockt.
5. Die Schüssel stürzen und die Masse in feine Würfel schneiden.
6. Die Brühe zum Kochen bringen und vom Herd nehmen.
7. Die Eierwürfel in die Suppe geben und sofort servieren.

Pro Portion: 8 g Eiweiß, 2 g Kohlenhydrate, 8 g Fett, 90 Kilokalorien

Schnelle Eierflockensuppe

Zutaten: (für 4 Portionen)

½ Bund Schnittlauch | ¾ l Gemüse- oder Hühnerbrühe | 4 Eier | 4 Scheiben Toast oder Baguette

Zubereitung:

1. Den Schnittlauch in feine Röllchen schneiden.
2. Die Brühe zum Kochen bringen. Die Eier verquirlen und unter ständigem Rühren in die Suppe gleiten lassen.
3. Die Schnittlauchröllchen dazugeben und die Suppe sofort mit dem Toast oder Baguette servieren.

Pro Portion: 10 g Eiweiß, 16 g Kohlenhydrate, 10 g Fett, 190 Kilokalorien

Tipp

Diese Suppe lässt sich mit Instantbrühe sehr schnell zubereiten. Sehr von Vorteil ist es, sich einen Vorrat frischer Gemüse-, Fleisch- oder Knochensuppe anzulegen. Im Kühlschrank lassen sich die Suppenportionen gut verschlossen bis zu zwei Wochen aufbewahren, tiefgekühlt halten sie mehrere Monate.

Wildkräutersuppe mit pochiertem Ei

Zutaten: (für 4 Portionen)

200 g Wildkräuter (z. B. Giersch, junger Löwenzahn, junge Brennnesselblätter, Bärlauch, Brunnenkresse oder Sauerampfer) | 5 EL Weißweinessig | 4 Eier | 1 kl. Zwiebel | 2 EL Butter | 750 ml Hühnerbrühe | 1 EL Mehl | 2 Eigelb | 250 g Sahne | etwas Salz und Pfeffer aus der Mühle

Zubereitung:

1. Die Wildkräuter säubern und grob zerkleinern. 1 Esslöffel der Kräuter für die Dekoration beiseitelegen.
2. 1 Liter Salzwasser mit dem Essig zum Kochen bringen. Eine Schüssel mit handwarmem Wasser bereitstellen.
3. Die Eier einzeln aufschlagen und vorsichtig in das Wasser gleiten lassen. Damit die Eier in Form bleiben, das Eiweiß mit einem Löffel im Essigwasser vorsichtig an das Eigelb heben. Die Eier so circa 4 Minuten garen lassen, herausnehmen und in das warme Wasser legen.

4. Die Zwiebel schälen und klein hacken.
5. Die Butter in einem weiteren Topf schmelzen. Die Brühe kurz aufkochen lassen und vom Herd nehmen.
6. Die Zwiebeln und Kräuter in der Butter leicht andünsten. Mit Mehl bestäuben und wen den, bis das Mehl gebunden ist.
7. Die Kräutermischung nach und nach mit Brühe ablöschen, kurz aufkochen lassen, dann die Temperatur reduzieren.
8. Eigelb mit Sahne aufschlagen und unter die Suppe rühren.
9. Mit Salz und Pfeffer würzen.
10. Mit den restlichen Kräutern bestreuen und gleich mit dem pochiertem Ei servieren.

Pro Portion: 13 g Eiweiß, 9 g Kohlenhydrate, 40 g Fett, 440 Kilokalorien

Süßsaure Gemüse-Eierflocken-Suppe

Zutaten: (für 4 Portionen)

400 g gemischtes Gemüse (z. B. Paprika, Zucchini, Pilze, Spargel, Kohlrabi) | 2 Zwiebeln | 1 EL Schnittlauch | 2 EL Öl | 1 l Gemüsebrühe | etwas Salz | 2 Msp. ger. Ingwer | 3 EL Essig | 2 EL Sojasoße | 1 EL Honig | 3 Eier

Zubereitung:

1. Das Gemüse putzen und in feine Streifen schneiden.
2. Die Zwiebeln schälen und klein hacken. Den Schnittlauch in feine Röllchen schneiden.
3. Das Öl in einem Topf erhitzen. Die Zwiebelwürfel im Öl glasig dünsten. Das Gemüse dazugeben und unter stetigem Wenden gleichmäßig braten.
4. Nach und nach mit Brühe auffüllen.
5. Die Suppe mit Salz würzen und mit Ingwer, Essig, Sojasoße und Honig süßsauer abschmecken.
6. Die Eier verquirlen und unter ständigem Rühren in die kochende Suppe geben.
7. Die Schnittlauchröllchen dazugeben und die Suppe sofort servieren.

Pro Portion: 8 g Eiweiß, 10 g Kohlenhydrate, 15 g Fett, 200 Kilokalorien

Süßsaure Gemüse-Eierflocken-Suppe

Grießnockerlnsuppe

Grießnockerlnsuppe

Zutaten: (für 4 Portionen)

50 g Butter | 1 Ei | 100 g Weichweizengrieß | etwas Salz | geriebene Muskatnuss | ca. 1 l Brühe (z. B. Rinder-, Knochen-, Hühner- oder Gemüsebrühe)

Zubereitung:

1. Die Butter schaumig rühren.
2. Das Ei unter Rühren zugeben.
3. Den Grieß und die Gewürze unter Rühren einrieseln lassen. Die Nockerlnmasse gut würzig abschmecken und circa 20 Minuten ruhen lassen.
4. Die Brühe erhitzen und bei mittlerer Hitze leicht wallend köcheln lassen.
5. Mit Hilfe zweier Teelöffel aus der Grießmasse Nockerln formen und in die Brühe geben. Die Nockerln circa 4 Minuten garen, dann vom Herd nehmen. Abgedeckt noch etwa 10 Minuten ziehen lassen.

Pro Portion: 5 g Eiweiß, 19 g Kohlenhydrate, 17 g Fett, 240 Kilokalorien

Tipp

Die Grießmasse darf in der Brühe nicht verfallen. Sollte dies passieren, mischen Sie noch circa 10 Gramm Grieß unter die Masse.

Wenn es früher Nockerlnsuppe gab, wurde traditionell als Hauptspeise das Fleisch aus der Kraftbrühe verwendet. Auch heute ist dies noch eine wahrhaft köstliche Speise, die aufgrund ihres geringen Zeitaufwands sehr praktisch ist, wenn sich zum Beispiel jemand kurzfristig zum Mittagessen angemeldet hat.

Schnippelkuchen

Schnippelkuchen

Zutaten: (für 4 Portionen)

750 g mehlig kochende Kartoffeln | 5 Eier | 30 g Mehl | 150 ml Milch | etwas Salz und Pfeffer aus der Mühle | etwas ger. Muskatnuss | 2 mittelgr. Zwiebeln | 2 EL Butter | 1 Bd. Schnittlauch | 150 g magerer Bratspeck in Scheiben

Zubereitung:

1. Die Kartoffeln nicht ganz gar kochen und etwas abkühlen lassen.
2. Die Eier aufschlagen. Das Mehl in eine Schüssel sieben. Die Milch langsam unter Rühren zum Mehl gießen, dann die Eier dazugeben.
3. Die Masse mit Salz, Pfeffer und Muskatnuss würzen.
4. Die Zwiebeln schälen und klein hacken.
5. Die Kartoffeln schälen, grob raspeln und mit der Eimasse vermengen.
6. Den Backofen auf 80 Grad vorheizen.
7. 1 EL Butter in einer Pfanne erhitzen. Die halbe Kartoffelmasse in der Pfanne verteilen, von beiden Seiten bei mittlerer Temperatur 4 bis 5 Minuten braten und im Backofen warm stellen.
8. Nun den zweiten Schnippelkuchen in gleicher Weise braten und warm stellen.
9. Den Schnittlauch in feine Röllchen schneiden.
10. In einer weiteren Pfanne die Speckscheiben ohne Fettzugabe knusprig braten, zügig auf den Schnippelkuchen verteilen, mit dem Schnittlauch bestreuen und servieren.

Pro Portion: 19 g Eiweiß, 30 g Kohlenhydrate, 27 g Fett, 440 Kilokalorien

Eierpastete

Zutaten: (für 8 Portionen)

250 g gekochter Schinken | 200 g Hartkäse (z. B. Greyerzer) | 1 Bd. Petersilie | 250 g Mehl | 1 TL Backpulver | 4 Eier | 100 g Frischkäse | 1 EL mittelscharfer Senf | etwas Salz und Pfeffer | 1–2 Msp. ger. Muskatnuss | 100 g Butter | 1 Kopfsalat oder anderer grüner Salat | Vinaigrette oder andere Salatsoße

Zubereitung:

1. Eine Kastenbackform (circa 25 x 10 Zentimeter) fetten oder mit Backpapier auslegen.
2. Den Backofen auf 180 Grad vorheizen.
3. Den Schinken in schmale Streifen, dann in Vierecke schneiden.
4. Den Käse entrinden und fein raspeln.
5. Die Petersilie waschen, abtupfen, die Blättchen abzupfen und fein hacken.
6. Das Mehl mit dem Backpulver in eine Schüssel geben.
7. Den Schinken, Käse und die Petersilie mit dem Mehl vermischen.
8. Die Eier in einer weiteren Schüssel aufschlagen und mit dem Frischkäse, dem Senf und etwa ½ Teelöffel Salz verrühren. Mit Pfeffer, Muskatnuss und gegebenenfalls nochmals Salz würzen.
9. Die Butter in einem Topf bei mittlerer Temperatur schmelzen und mit der Schinkenmischung unter die Eimasse rühren.
10. Die Pastetenmasse in die Backform geben und auf der mittleren Schiene circa 60 Minuten backen. In der Form etwas abkühlen lassen
11. Den Salat mit der Salatsoße anrichten.
12. Die Pastete in Scheiben schneiden und warm oder ausgekühlt mit dem Salat servieren.

Pro Portion: 21 g Eiweiß, 24 g Kohlenhydrate, 31 g Fett, 460 Kilokalorien

Tipp

Für weniger Personen können Sie die Zutaten halbieren und die Pastete in einer gefetteten Muffinbackform 20 bis 25 Minuten ausbacken. Als kleine Überraschung können Sie in jede Backblechvertiefung ein halbes gekochtes und geschältes Ei mit einbacken.

Eierpastete

Gefüllte Salatblätter mit Hüttenkäse und Eiervinaigrette

Zutaten: (für 4 Portionen)

1 Kopfsalat | 1 Frühlingszwiebel | ½ Bd. Radieschen | ½ Salatgurke | 2 EL Kürbiskerne | 2 Eier | 3 EL Weißweinessig | 1 EL Balsamicoessig | etwas Salz und Pfeffer | 4 EL Raps- oder Olivenöl | 1 Bd. Schnittlauch | 50 g Hüttenkäse

Zubereitung:

1. Die Salatblätter vorsichtig vom Strunk lösen und waschen. 8 Blätter beiseitelegen.
2. Die Frühlingszwiebel waschen und mitsamt dem Grün in sehr feine Ringe schneiden.
3. Die Radieschen putzen und in Stifte schneiden.
4. Die Gurke schälen und in dünne Scheiben schneiden.
5. Die Kürbiskerne in einer Pfanne bei milder Hitze ohne Fett leicht rösten.
6. Die Eier kochen, schälen und in Stifte schneiden oder grob hacken.
7. Für die Vinaigrette den Essig mit Salz und Pfeffer verquirlen und mit dem Öl verrühren.
8. Den Schnittlauch fein schneiden, zusammen mit den Eiern unter die Vinaigrette mischen.
9. Die restlichen Salatblätter in feine Streifen schneiden und mit dem Hüttenkäse vermengen.
10. Die ganzen Salatblätter tellerartig ausbreiten, mit der Hüttenkäsemischung und dem restlichen Gemüse belegen. Etwas Vinaigrette darüberträufeln und mit Kürbiskernen bestreuen.

Pro Portion: 7 g Eiweiß, 3 g Kohlenhydrate, 16 g Fett, 190 Kilokalorien

Pochierte Eier an Kräuter-Senf-Soße

Zutaten: (für 4 Portionen)

1 unbehandelte Orange | 50 ml Wermutwein | 50 ml Gemüsebrühe | 100 g Sahne | 100 g Crème fraîche | 1½ EL grobkörniger Senf | ½ Bd. Petersilie | ½ Bd. Schnittlauch | etwas Salz und Pfeffer | Bindfaden und Klarsichtfolie | Öl zum Ausstreichen | 8 Eier

Zubereitung:

1. Die Orange mit heißem Wasser abbrausen, trocken tupfen und die äußere Schale fein abreiben.
2. Aus der Orange 1–2 Esslöffel Saft pressen.
3. Den Wermutwein und die Gemüsebrühe in einen Topf geben und so lange kochen, bis die Flüssigkeit auf etwa die Hälfte eingekocht ist.

4. Die Sahne, die Crème fraîche und den Senf dazugeben und weiter kochen lassen, bis die Flüssigkeit dickflüssig wird. Den Topf vom Herd nehmen.
5. Die Petersilie und den Schnittlauch klein schneiden und mit der Orangenschale und dem -saft zur Soße geben.
6. Mit Salz und Pfeffer würzen.
7. 3 bis 4 etwa 30 Zentimeter lange Schnüre vom Bindfaden schneiden. Jeweils 2 Tassen mit einem Stück Klarsichtfolie auslegen. Die Folie dünn mit Öl bestreichen. Die ersten 2 Eier aufschlagen, in jede Tasse 1 Ei gleiten lassen. Die Enden der Folie zusammenfassen und mit den Schnurenden so zubinden, dass an jedem Schnurende 1 Folienbündel hängt. So mit allen Eiern verfahren.
8. Wasser in einem Topf zum Kochen bringen. Einen Kochlöffel über den Topf legen und die Bündel über den Kochlöffel hängen. Die Bündel dürfen den Topfboden nicht berühren, eventuell die Schnüre mit einem Knoten entsprechend kürzen. Die Eier 5 Minuten garen lassen, dann herausnehmen und sofort mit der Soße servieren.

Pro Portion: 15 g Eiweiß, 4 g Kohlenhydrate, 25 g Fett, 330 Kilokalorien

Tipp

Zu Reis servieren.

Gefüllte Crespelles

Zutaten: (für 4 Portionen)

Für die Crespelles:

100 g Mehl | 100 ml Wasser | 100 ml Milch | 2 Eier | 2 EL Olivenöl | 2–3 Msp. Salz | etwas Butter zum Ausbacken

Für die Füllung:

800 g gemischte Pilze (z. B. Champignons, Steinpilze, Austernpilze) | 1 Zwiebel | 3 Knoblauchzehen | 2 EL Olivenöl | etwas Salz und Pfeffer | 1 Bd. glattblättrige Petersilie | 150 g Käse in Salzlake | 80 g ger. Parmesan

Zum Fertigstellen:

150 g Sahne | 50 g Milch | 40 g Parmesan | etwas Salz, Pfeffer und gem. Muskatnuss

Gefüllte Crespelles

Zubereitung:

1. Das Mehl in eine Schüssel sieben.
2. Das Wasser und die Milch vermischen und unter ständigem Rühren zum Mehl geben. Den Teig so lange rühren, bis er glatt und geschmeidig ist.
3. Die Eier aufschlagen, mit dem Öl und dem Salz verrühren und unter die Teigmasse mischen. Den Teig 15 bis 20 Minuten ruhen lassen.
4. Die Butter in einer beschichteten Pfanne zergehen lassen.
5. Den Teig in der Pfanne zu 6 dünnen Omeletts ausbacken.
6. Für die Füllung die Pilze putzen und halbieren beziehungsweise vierteln.
7. Die Zwiebel und den Knoblauch schälen und sehr fein hacken.
8. Das Öl in einer Pfanne erhitzen. Die Zwiebelmischung im Öl glasig dünsten und herausnehmen.
9. Die Pfanne auf höchster Stufe erhitzen. Die Pilze etwa 5 Minuten in der Pfanne dünsten. Die Zwiebelmischung zu den Pilzen geben. Mit Salz und Pfeffer würzen.
10. Die Petersilie fein hacken.
11. Den Käse aus der Salzlake nehmen, kurz abtropfen lassen und in feine Würfel schneiden. Mit der Petersilie und dem Parmesan vermengen. Die Pilze untermischen. Sollten die Pilze beim Abkühlen Wasser gezogen haben, dieses zuvor abgießen.
12. Die Füllung auf den Omeletts verteilen. Zuerst die Seiten einschlagen, dann aufrollen.
13. Den Backofen auf 200 Grad vorheizen.
14. Eine Auflaufform fetten. Die Crespelles nebeneinander in die Form legen.
15. Die Sahne, die Milch, den Parmesan und die Gewürze mischen. Die Sahnemischung über die Crespelles gießen. Auf der mittleren Schiene circa 15 Minuten überbacken.

Pro Portion: 29 g Eiweiß, 24 g Kohlenhydrate, 50 g Fett, 660 Kilokalorien

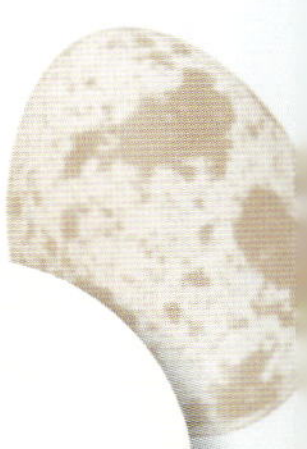

Eiersalat

Zutaten: (für 4 Portionen)

4 Eier | 2 säuerliche Äpfel | 80 g eingelegte rote Paprika | 4 eingelegte Essiggurken | 250 g Fleischwurst oder Lyoner | 1–2 EL Mayonnaise | 2 EL Tomatenketchup

Zubereitung:

1. Die Eier hart kochen, schälen und in Würfel schneiden.
2. Die Äpfel schälen, das Kernhaus entfernen, das Fruchtfleisch in kleine Würfel schneiden.
3. Die Paprika und die Essiggurken kurz abtropfen lassen und in Würfel schneiden.
4. Die Wurst ebenfalls in Würfel schneiden.
5. Die Mayonnaise und den Ketchup verrühren.
6. Alle Zutaten in eine Schüssel geben und mischen. Gleich servieren oder abgedeckt kalt stellen.

Pro Portion: 16 g Eiweiß, 12 g Kohlenhydrate, 32 g Fett, 400 Kilokalorien

Tipp

Der Salat lässt sich gut vorbereiten. Er schmeckt sogar noch besser, wenn er etwa 4 bis 5 Stunden durchziehen kann.

Frankfurter Grüne Soße

Zutaten: (für 4 Portionen)

1 Ei | 2 TL Senf | ½ TL Salz | 1 Pr. Zucker | 1 TL Zitronensaft | 250 ml Öl | 1 kl. Zwiebel | 2 hart gekochte Eier | 1 gr. Gewürzgurke | 250 g Magerquark | 150 g Schmand | 5 EL gemischte frische Kräuter | etwas Salz | etwas weißer Pfeffer | einige Tr. grüne Worcestershiresoße

Tipp

Die Frankfurter Grüne Soße passt zum Beispiel zu hart gekochten Eiern, aber auch zu diversen Fisch- und Fleischgerichten sowie zu Pellkartoffeln. Sie wird gern im Frühjahr zubereitet, da dann die Kräuter frisch aus dem Boden sprießen. Verwendet wird, was das Sortiment des Gartens hergibt: Borretsch, Kresse, Sauerampfer, Schnittlauch, Petersilie und Varianten von Dill und Kerbel, Liebstöckel und Pimpinelle oder Kerbel und Pimpinelle. Es werden traditionell jedoch immer nur sieben Kräuter für die Frankfurter Grüne Soße verwendet.

Zubereitung:

1. Das Ei, den Senf, das Salz, den Zucker und den Zitronensaft vermengen. Nach und nach das Öl einfließen lassen. So lange rühren, bis die Mayonnaise eine cremige Konsistenz erreicht hat und schwer vom Löffel fällt.
2. Die Zwiebel schälen.
3. Die Zwiebel, die gekochten Eier und die Gewürzgurke fein hacken. Den Quark und den Schmand untermischen, die Masse unter die Mayonnaise rühren.
4. Die Kräuter waschen, klein hacken und unter die Mayonnaise rühren.
5. Die Soße mit Salz, Pfeffer und Worcestershiresoße würzen und abschmecken. Im Kühlschrank circa 1 Stunde ziehen lassen.

Pro Portion: 15 g Eiweiß, 6 g Kohlenhydrate, 75 g Fett, 750 Kilokalorien

Gefüllte Eier in Variationen

Gefüllte Eier in Variationen

Pfeffer-Eier

Zutaten: (für 4 Portionen)

4 Eier | 2 EL Mayonnaise | 50 g Butter | 1 Msp. Salz | 1 EL Cognac | 1 EL grüne Pfefferkörner

Zubereitung:

1. Die Eier in circa 10 Minuten hart kochen, dann kalt abschrecken, abkühlen lassen und schälen. Die Eier einmal quer halbieren und jeweils das Eigelb herausnehmen.
2. Das Eigelb mit der Mayonnaise, der Butter, dem Salz und dem Cognac verrühren.
3. Die Hälfte der Pfefferkörner mahlen oder mit einem Messer zerdrücken. Den Pfeffer unter die Füllung rühren.
4. Die Creme mit einem Spritzbeutel in die Mulden der Eiweißhälften spritzen. Mit den restlichen Pfefferkörnern bestreuen.

Pro Portion: 7 g Eiweiß, 72 g Kohlenhydrate, 27 g Fett, 280 Kilokalorien

Tipp

Bei gefüllten Eiern fürs Buffet rechnet man mit nicht mehr als einem halben Ei pro Portion.

Kräuter-Eier

Zutaten: (für 4 Portionen)

4 Eier | 4 EL Frischkäse | 2 EL gehackte Kräuter | 4 EL Milch | 2 Pr. Salz | 8 kleine Peperoni

Zubereitung:

1. Die Eier wie im Rezept „Pfeffer-Eier" beschrieben vorbereiten.
2. Das Eigelb mit dem Frischkäse, den Kräutern, der Milch und dem Salz verrühren.
3. Die Creme mit einem Spritzbeutel in die Mulden der Eiweißhälften spritzen.
4. Die Eier mit den Peperoni verzieren.

Pro Portion: 11 g Eiweiß, 2 g Kohlenhydrate, 16 g Fett, 190 Kilokalorien

Mediterrane Eier

Zutaten: (für 4 Portionen)

4 Eier | 4 EL Hüttenkäse | 2 EL geraspelte Möhren | 2 TL gem. Haselnüsse | 1 Pr. Salz | 1 Pr. Pfeffer | 8 kl. schwarze Oliven | 8 kl. Stängel Petersilie oder einige Körner roter Pfeffer

Zubereitung:

1. Die Eier wie im Rezept „Pfeffer-Eier" beschrieben vorbereiten.
2. Das Eigelb, den Käse, die Möhren und die Haselnüsse vermengen.
3. Die Füllung mit Salz und Pfeffer würzen.
4. Die Creme mit einem Spritzbeutel in die Mulden der Eiweißhälften spritzen.
5. Jeweils mit einer Olive und Petersilie oder rotem Pfeffer verzieren.

Pro Portion: 11 g Eiweiß, 2 g Kohlenhydrate, 12 g Fett, 170 Kilokalorien

Avocado-Eier

Zutaten: (für 4 Portionen)

4 Eier | 4 EL Frischkäse | 2 TL gem. Curry | 2 TL zerdrückte Avocado | 2 TL Zitronensaft | 2 EL Milch | 1 Pr. Salz

Zubereitung:

1. Die Eier wie im Rezept „Pfeffer-Eier" beschrieben vorbereiten.
2. Den Frischkäse mit dem Curry, dem Avocadomus, dem Zitronensaft, der Milch und dem Salz zu einer Creme vermengen.
3. Die Creme mit einem Spritzbeutel in die Mulden der Eiweißhälften spritzen.
4. Die Eier mit etwas Curry bestäuben und verzieren.

Pro Portion: 10 g Eiweiß, 2 g Kohlenhydrate, 17 g Fett, 200 Kilokalorien

Avocado-Eier

Dill-Eier

Zutaten: (für 4 Portionen)

4 Eier | 4 EL Quark | 2 TL gehackter Dill | etwas ger. Zitronenschale | 1 Pr. Salz | Lachsröllchen oder sonstige Verzierung

Zubereitung:

1. Die Eier wie im Rezept „Pfeffer-Eier" beschrieben vorbereiten.
2. Das Eigelb, den Quark, den Dill, die Zitronenschale und das Salz verrühren.
3. Die Creme mit einem Spritzbeutel in die Mulden der Eiweißhälften spritzen.
4. Die Eierhälften mit Lachsröllchen oder anderem verzieren.

Pro Portion (ohne Lachs): 11 g Eiweiß, 2 g Kohlenhydrate, 6 g Fett, 100 Kilokalorien

Tipp

Bei der Verzierung der gefüllten Eier können Sie Ihrer Fantasie freien Lauf lassen, zum Beispiel mit essbaren Blüten, Kräutern, Gemüse, Oliven und vielem mehr.

Senflinsen mit Spiegelei

Zutaten: (für 4 Portionen)

300 g Karotten | 1 Gemüsezwiebel | 1 EL Butter | 120 g grüne Linsen | 600 ml Gemüsebrühe | 1 Bd. Schnittlauch | 4 EL Crème fraîche oder Sauerrahm | 3–4 EL grobkörniger Senf | etwas Salz und Pfeffer | 1 EL Butter oder Butterschmalz | 8 Eier

Zubereitung:

1. Die Karotten waschen und schälen, der Länge nach vierteln und in Stückchen schneiden.
2. Die Zwiebel schälen und klein hacken.
3. Die Butter in einem Topf erhitzen. Die Zwiebel in der Butter glasig dünsten.
4. Die Karotten und die Linsen dazugeben und kurz mitdünsten.
5. Die Gemüsebrühe nach und nach dazugeben, abdecken und bei mittlerer Temperatur circa 30 Minuten garen lassen. Ab und zu rühren.
6. Den Rahm und den Senf untermischen. Mit Salz und Pfeffer würzen.

7. Den Schnittlauch in feine Röllchen schneiden.
8. Die Butter oder das Butterschmalz in einer Pfanne erhitzen. Die Eier einzeln aufschlagen und je Durchgang 4 Eier in die Pfanne gleiten lassen. Den Schnittlauch über die Spiegeleier streuen. Frisch mit den Linsen servieren.

Pro Portion: 24 g Eiweiß, 23 g Kohlenhydrate, 33 g Fett, 480 Kilokalorien

Mayonnaise

Zutaten: (für 6 Portionen)

2 Eigelb | 1 TL Senf | ½ TL Salz | 1 Pr. Pfeffer | 300 ml neutrales Pflanzenöl (z. B. Sonnenblumenöl) | 1 EL Weißweinessig

Zubereitung:

1. Die Zutaten für die Mayonnaisezubereitung sollen gleich temperiert sein.
2. Eigelb, Senf, Salz und Pfeffer in einen schmalen Rührbecher geben und mit dem Rührgerät verquirlen.
3. Das Öl unter Rühren nach und nach zur Eimasse gießen.
4. Wenn die Masse eine festere Konsistenz bekommt, den Essig unterrühren und das übrige Öl weiter langsam zugeben.

Pro Portion: 1 g Eiweiß, 0 g Kohlenhydrate, 52 g Fett, 470 Kilokalorien

Tipp

Für verschiedene Varianten entweder 1 Esslöffel Tomatenmark oder klein gehackte Kräuter dazugeben. Eine andere Variante: Anstelle des Weißweinessigs Apfelessig und 20 Safranfäden verwenden.

Mayonnaise kühl lagern und ganz frisch verzehren.

Hauptgerichte

Laut kräht der Hahn, doch die Eier legt das Huhn.

Überbackener Blumenkohl

Zutaten: (für 4 Portionen)

2 kl. Köpfe Blumenkohl (insgesamt ca. 600 g) | 1–2 TL Salz | 1 TL Butter | 100 g Gouda oder Greyerzer | 100 g gekochter Schinken | 3 Eier | 100 g Sahne | etwas gem. schwarzer Pfeffer | etwas ger. Muskatnuss

Zubereitung:

1. Den Blumenkohl waschen, die äußeren Blätter entfernen und den dicken Strunk keilförmig herausschneiden.
2. 1 Tasse Wasser in einem Topf zum Kochen bringen. Das Salz dazugeben.
3. Den Blumenkohl bei mittlerer Hitze im Wasser bei geschlossenem Deckel etwa 8 Minuten nicht ganz weich garen lassen.

4. Den Backofen auf 200 Grad vorheizen. Eine Auflaufform mit Butter ausstreichen.
5. Den Käse reiben. Den Schinken klein schneiden. Die Eier in einer Schüssel verquirlen, die Sahne unterrühren, dann Käse und Schinken untermischen und mit Pfeffer und wenig Muskatnuss würzen.
6. Den Blumenkohl aus dem Wasser nehmen, abtropfen lassen, in die Auflaufform legen und mit der Hälfte der Sahnesoße übergießen. Etwa 10 Minuten backen, dann mit der restlichen Soße übergießen und nochmals 10 bis 15 Minuten backen.

Pro Portion: 20 g Eiweiß, 4 g Kohlenhydrate, 22 g Fett, 290 Kilokalorien

Tipp

Frischen Kohl zuvor kurz in Essigwasser legen, damit eventuell enthaltene Insekten oder anderes Kleingetier herausgelöst werden.

Dazu passen Salzkartoffeln.

Speckpfannkuchen

Speckpfannkuchen

Zutaten: (für 4 Portionen)

4 Eier | 300 ml Milch | 2 Pr. Salz | 200 g Mehl | 150 g dünn geschnittene Scheiben durchwachsener geräucherter Speck | 4 TL Butter oder Öl zum Braten

Zubereitung:

1. Die Eier in einer Schüssel mit der Milch und dem Salz verquirlen.
2. Das Mehl löffelweise dazugeben und klümpchenfrei verrühren. Den Teig 30 Minuten ruhen lassen und nochmals durchrühren.
3. Die Speckscheiben von Knorpeln befreien.
4. Für jeden Pfannkuchen ½ Teelöffel Butter oder Öl in einer Pfanne erhitzen. →

5. 2 bis 3 Speckstreifen beidseitig kurz anbraten.
6. Etwa 1 Suppenlöffel Pfannkuchenteig über die Speckstreifen gießen und verteilen. Den Pfannkuchen so lange backen, bis er sich vom Pfannenboden löst, dann wenden und von der anderen Seite ebenfalls goldbraun backen.

Pro Portion: 20 g Eiweiß, 40 g Kohlenhydrate, 24 g Fett, 460 Kilokalorien

Tipp

Die Ruhezeit ist beim Pfannkuchenteig wichtig, sonst zerfallen die Pfannkuchen beim Ausbacken ganz leicht.

Dazu passt hervorragend ein grüner Salat.

Omelett – Grundrezept und Varianten

Zutaten: (für 1 Omelett)

4 Eier | 2 EL Wasser oder Bier | 1 Pr. Salz | einige Tr. Tabascosoße | etwas Pfeffer aus der Mühle | 1 EL Butter zum Ausbacken

Zubereitung:

1. Die Eier aufschlagen und in eine Schüssel geben. Die Eier etwas verquirlen, dabei nicht zu stark schlagen.
2. Das Wasser oder Bier, das Salz, die Tabascosoße und den Pfeffer unter die Eimasse rühren.
3. Eine Pfanne stark erhitzen, den Teller im Backofen vorwärmen.
4. Die Butter in der Pfanne unter Schwenken zerlaufen lassen.
5. Kurz warten, bis die Butter aufgehört hat zu schäumen, dann die Eimasse in die Pfanne gleiten lassen und mit einer Gabel gleichmäßig verteilen.
6. Gleich mit der Gabel den angesetzten Rand lösen und mit der anderen Hand die Pfanne leicht schütteln. Das Omelett soll noch weich sein und eine wellige, glänzende Oberfläche aufweisen.
7. Die Pfanne vom Herd nehmen, etwas schräg halten, das Omelett mit der Gabel in der Pfanne aufrollen, auf den Teller legen und sofort servieren.

Pro Stück: 27 g Eiweiß, 2 g Kohlenhydrate, 40 g Fett, 470 Kilokalorien

Tipp

• Omeletts schmecken in vielen Variationen, zum Beispiel mit gewürzten Tomaten- oder Kürbiswürfeln, die kurz vor Ende der Backzeit auf dem Omelett verteilt und mit eingebacken werden. Festere Zutaten wie Spargelspitzen oder Pilze, Speck, Bratkartoffeln und andere, ebenfalls schon fertig vorbereitet, können vor dem Backen unter die fertige Eimasse gemischt werden.

• Gewürze und Kräuter mischt man direkt unter die verquirlten Eier und lässt sie 10 bis 15 Minuten stehen, bevor die anderen Zutaten untergemischt werden. So können sich die Aromen in der Eimasse gut verteilen.

• Für ein richtiges Omelett ist eine gute Pfanne wichtig – am besten aus Guss, Stahl oder auch Aluminium. Optimal ist ein Durchmesser von 15 bis 18 Zentimetern für ein Omelett aus maximal 4 Eiern. Vor dem ersten Gebrauch wird die Pfanne nur mit Fett erhitzt. Zum Reinigen kein Spülmittel verwenden, sondern die Pfanne nur mit Salz und Küchenpapier sauber ausreiben.

Einige Omelett-Varianten

Omelette aux oignons

Zutaten:
500 g Zwiebelwürfel | 2 EL Olivenöl | Salz | Pfeffer

Zubereitung:
1. Die Zwiebelwürfel in einer Pfanne in Olivenöl bei milder Hitze etwa 15 Minuten garen.
2. Mit Salz und Pfeffer würzen. Die Zwiebeln aus der Pfanne nehmen und das Öl abtropfen lassen.
3. Die Zwiebeln mit der Grundmasse vermengen und nach dem Grundrezept ausbacken.

Pro Stück: 34 g Eiweiß, 29 g Kohlenhydrate, 62 g Fett, 800 Kilokalorien

Omelette aux épinards

Zutaten:
500 g Spinat | 2 EL Olivenöl | 2 Knoblauchzehen | 3 Stängel Petersilie | 3 Stängel Basilikum | 4 EL ger. Greyerzer

Zubereitung:
1. Den Spinat putzen und waschen.
2. Die Spinatblätter etwa 5 Minuten in Wasser kochen, herausnehmen und abtropfen lassen.
3. Den Spinat im Öl 5 Minuten andünsten. Die Knoblauchzehen, die Petersilie und das Basilikum fein hacken und zugeben. Die Spinatmasse und den Käse zur Grundmasse geben und mit der Masse nach dem Grundrezept ausbacken.

Pro Stück: 53 g Eiweiß, 8 g Kohlenhydrate, 75 g Fett, 920 Kilokalorien

Omelette aux tomates

Zutaten:
4 Tomaten | 2 EL Olivenöl

Zubereitung:
1. Die Tomaten waschen, abtrocknen, entkernen und in Stücke schneiden.
2. Das Öl in einer Pfanne erhitzen und die Tomaten im Öl kurz andünsten.
3. Die Tomaten mit der Grundmasse vermengen und nach dem Grundrezept ausbacken.

Pro Stück: 30 g Eiweiß, 9 g Kohlenhydrate, 60 g Fett, 700 Kilokalorien

Omelette au lard

Zutaten:
150 g durchwachsener Räucherspeck | 2 EL Olivenöl

Zubereitung:
1. Den Speck klein würfeln, kurz ins kochende Wasser geben, abtropfen lassen und trocken tupfen.
2. Das Öl in einer Pfanne erhitzen und den Speck im Öl anrösten.
3. Mit der Grundmasse vermengen und nach dem Grundrezept ausbacken.

Pro Stück: 51 g Eiweiß, 2 g Kohlenhydrate, 104 g Fett, 1130 Kilokalorien

Omelette normande

Zutaten:
3 säuerliche Äpfel | 1 EL Butter | 3 cl Calvados | 1 EL Puderzucker

Zubereitung:
1. Die Äpfel schälen und in Scheiben schneiden. Das Kerngehäuse jeweils entfernen.
2. Die Butter in einer Pfanne erhitzen. Die Apfelscheiben in der Butter anschmoren. Mit einigen Tropfen Calvados übergießen.
3. Die Grundmasse darübergießen und weiter nach dem Grundrezept ausbacken.
4. Die fertigen Omeletts mit Puderzucker bestäuben.
5. Den restlichen Calvados in einem Schöpflöffel erhitzen, anzünden und über die Omeletts gießen.

Pro Stück: 29 g Eiweiß, 70 g Kohlenhydrate, 59 g Fett, 1010 Kilokalorien

Ostertorte

Zutaten: (für eine Springform, Durchmesser 26 bis 28 Zentimeter)

Für den Teig:
500 g Mehl | 1 Pr. Salz | 2 EL Olivenöl | ca. 250 ml Wasser

Für die Füllung:
1 kg frische Mangoldblätter | etwas Salz | 1 trockenes Brötchen | 100 ml Milch | 8 Eier | 80 g ger. Parmesan | 500 g Ricotta | etwas Salz und Pfeffer aus der Mühle | 1–2 TL geh. oder getr. Majoran | 1 EL Butter

Zubereitung:
1. Das Mehl in eine Schüssel sieben. Das Salz und das Olivenöl auf dem Mehl verteilen und untermischen.
2. Nach und nach Wasser unter das Mehl kneten, bis ein homogener, glatter Teig entsteht. Den Teig aus der Schüssel nehmen und auf einer Unterlage nochmals kräftig durchkneten.
3. Den Teig in 10 bis 12 Stücke teilen. Die Teigstücke zu Kugeln formen und mit einem feuchten Tuch abgedeckt 1 Stunde ruhen lassen.

4. Für die Füllung den Mangold waschen, die Stielreste keilförmig herausschneiden.
5. Die Blätter in kochendem, leicht gesalzenem Wasser 5 Minuten vorgaren, mit kaltem Wasser abbrausen und abtropfen lassen.
6. Das Brötchen klein schneiden und in der Milch einweichen. Die Mangoldblätter klein hacken. 2 Eier aufschlagen und in einer Schüssel mit 2 EL Parmesan vermischen.
7. Die Brötchenstücke aus der Milch nehmen, etwas ausdrücken und mit dem Ricotta unter die Eiermischung rühren. Die Masse kräftig mit Salz, Pfeffer und Majoran würzen. Den Mangold untermischen.
8. Eine Springform fetten. Die Hälfte der Teigkugeln auf einer leicht bemehlten Unterlage nacheinander dünn und rund und ungefähr gleich groß ausrollen. Jeweils 1 Teigplatte so in die Form legen, dass der Teigrand circa 1 Zentimeter über den Formrand hinausgeht (bei Bedarf die Teigplatten etwas auseinanderziehen). Jede Teigschicht dünn mit Öl bestreichen, dann die nächste Teigplatte auflegen. Darauf achten, dass der Pinsel keine Löcher in den Teig reißt.
9. Die vorbereitete Füllung gleichmäßig auf dem Teig verteilen und glatt streichen. Mit einem Löffel 6 Mulden in die Füllung drücken. Sie sollten so tief sein, dass gerade ein Ei hineinpasst.
10. Die Eier vorsichtig aufschlagen und direkt in die Mulden gleiten lassen. Das Eigelb darf dabei nicht verletzt werden. Die Eier mit Salz und Pfeffer würzen und mit dem restlichen Parmesan bestreuen.
11. Den Backofen auf 200 Grad vorheizen.
12. Die übrigen Teigkugeln ebenso dünn ausrollen, nacheinander über die Füllung legen und die Zwischenschichten jeweils wieder mit Öl bestreichen. Den Rand mit Butterflöckchen belegen.
13. Den überlappenden Teig einrollen und innen an den Rand drücken.
14. Die Teigoberfläche mit Öl bestreichen, mit einem Spieß oder Zahnstocher vorsichtig mehrmals einstechen. Dabei darauf achten, dass die darunterliegenden Eier nicht angestochen werden.
15. Die Ostertorte circa 75 Minuten auf der mittleren Schiene backen.

Pro Stück: 18 g Eiweiß, 35 g Kohlenhydrate, 14 g Fett, 330 Kilokalorien

Tipp

Die Torte ist durch die enthaltene hohe Feuchtigkeit direkt nach dem Backen innen noch sehr heiß. Sie sollten sie vor dem Verzehr etwas abkühlen lassen.

Spargel im Kräutercrêpes-Mantel

Zutaten: (für 4 Portionen)

Für die Crêpes:
125 g Mehl | 250 ml Milch | 2 Pr. Salz | 2 Eier | 20 g Butter | 10 Blätter Bärlauch | ½ Bund glatte Petersilie

Für den Spargel:
12 weiße Spargelstangen | ½ TL Salz | ¼ TL Zucker | 1 TL Butter

Für die Fertigstellung:
4 EL Crème fraîche | 20 g ger. Hartkäse (z. B. Sbrinz oder Parmesan) | 20 g Butter | 75 g Sahne

Zubereitung:

1. Das Mehl in eine Schüssel sieben. Die Milch unter kräftigem Rühren zum Mehl geben. Das Salz zufügen und den Teig glatt rühren.
2. Die Eier aufschlagen, kräftig verquirlen und unter den Teig mischen.
3. Die Butter bei leichter Hitze schmelzen lassen und ebenfalls unter Rühren langsam zum Teig geben.
4. 4 Bärlauchblätter zur Seite legen. Die restlichen Blätter in feine Streifen schneiden.
5. Die Petersilie waschen, etwas abtupfen, die Blättchen abzupfen und klein hacken.

6. Die Kräuter unter den Crêpeteig mischen und den Teig 30 Minuten ruhen lassen.
7. In einer beschichteten Pfanne etwas Butter oder Öl erhitzen. Den Crêpeteig nochmals gut durchrühren.
8. Zum Ausbacken der Crêpes jeweils immer ein ganzes Bärlauchblatt in die Pfanne geben, dann sofort circa ¼ des Teiges über das Blatt gießen und wie üblich Crêpes (siehe Rezept auf Seite 51) ausbacken.
9. Den Spargel schälen, die Enden dabei großzügig abschneiden.
10. 1 Liter Wasser in einem flachen Topf mit dem Salz, dem Zucker und der Butter aufkochen. Den Spargel in 10 bis 12 Minuten bissfest kochen.
11. Den Spargel abtropfen lassen und mit einem Tuch vorsichtig abtupfen.
12. Den Backofen auf 220 bis 240 Grad vorheizen. Eine Auflaufform mit Butter fetten.
13. Die Crêpes jeweils mit der Bärlauchseite nach unten auf der Arbeitsfläche ausbreiten und mit Crème fraîche bestreichen.
14. Jeweils 3 Spargelstangen auf die Crêpes legen, den Teig am Rand von vier Seiten zusammenschlagen.
15. Die Spargelpakete jeweils mit der Bärlauchseite nach oben in die Auflaufform legen. Mit dem Käse bestreuen, die Butter in Flöckchen darüber verteilen. Die Sahne zwischen die Röllchen gießen.
16. Die Crêpes im Backofen 10 bis 12 Minuten überbacken.

Pro Portion: 15 g Eiweiß, 30 g Kohlenhydrate, 33 g Fett, 470 Kilokalorien

Überbackene Omelettröllchen mit Sauerkrautfüllung

Zutaten: (für 4 Portionen)

1 Lauchstange | 150 g Speck | 1 Peperoni | 200 g Champignons | 500 g gekochtes Sauerkraut | 1 EL Öl | 1 TL Currypulver | Salz | Pfeffer | 1 EL Mehl | 150 g Crème fraîche | 100 ml Milch | 150 g ger. Greyerzer

Zubereitung:

1. Das Omelett nach dem Grundrezept (siehe Seite 41) zubereiten.
2. Den Lauch putzen und in feine Streifen schneiden.
3. Den Speck in Scheiben schneiden.
4. Die Peperoni der Länge nach aufschneiden, entkernen und in feine Streifchen schneiden.
5. Die Champignons putzen und in Scheibchen schneiden.

6. Das Sauerkraut abtropfen lassen.
7. Das Öl in einer beschichteten Bratpfanne erhitzen. Den Speck im Öl knusprig anbraten.
8. Das vorbereitete Gemüse zum Speck in die Pfanne geben und circa 3 Minuten andünsten.
9. Das Sauerkraut dazugeben und so lange kochen, bis alle Flüssigkeit verdampft ist.
10. Mit Curry, Salz und Pfeffer würzen. Die Pfanne vom Herd nehmen.
11. Den Backofen auf 220 Grad vorheizen.
12. Erst das Mehl, dann 2 Esslöffel Crème fraîche unter das Sauerkraut mischen. Auf die Omeletts geben, satt aufrollen und in je 6 Stücke schneiden.
13. Die Omelettröllchen mit der Schnittseite nach oben dicht nebeneinander in eine Gratinform legen. Die Milch mit der restlichen Crème fraîche verrühren und über die Röllchen gießen. Mit dem Käse bestreuen und im Backofen etwa 10 Minuten überbacken.

Pro Portion: 30 g Eiweiß, 8 g Kohlenhydrate, 48 g Fett, 590 Kilokalorien

Eier in Rotweinsoße

Zutaten: (für 4 Portionen)

1 Zwiebel | 1 Knoblauchzehe | 50 g Speck | 100 g Butter | 1 EL Mehl | 300 ml Rotwein | 50 ml Fleischbrühe | etwas Salz und Pfeffer | 4 Scheiben Toastbrot | 4 Eier

Zubereitung:

1. Die Zwiebel schälen und fein hacken, den Knoblauch schälen.
2. Den Speck in feine Würfel schneiden.
3. 50 g Butter in einem kleinen Topf zerlassen. Die Speckwürfel in der Butter glasig dünsten, herausnehmen und beiseitelegen.
4. Die Zwiebeln in der Butter andünsten. Die Knoblauchzehe dazugeben. Das Mehl über die Zwiebeln sieben und mit den Zwiebelwürfeln vermischen. Den Wein und die Brühe löffelweise dazugeben und unterrühren. Mit Salz und Pfeffer würzen.
5. Die Soße circa 25 Minuten bei mittlerer Hitze köcheln lassen. Gelegentlich umrühren.
6. Die Soße durch ein Haarsieb in einen flachen Topf gießen.
7. Das Toastbrot in der restlichen Butter knusprig anbraten und warm halten.
8. Die Eier wie pochierte Eier (siehe Seite 26) zubereiten und auf den Toastbrotscheiben verteilen.
9. Die Speckwürfel in die Soße geben und nochmals erhitzen. Die Soße vorsichtig über die belegten Toastbrotscheiben gießen.

Pro Portion: 13 g Eiweiß, 21 g Kohlenhydrate, 32 g Fett, 460 Kilokalorien

Eierkuchen mit Spinat

Eierkuchen mit Spinat

Zutaten: (für 4 Portionen)

3 Eigelb | 1 Msp. Salz | 250 ml Milch | 250 ml Wasser mit Kohlensäure | 250 g Mehl | 3 Eiweiß | Öl zum Ausbacken | 450 g Rahmspinat | 150 g Käse

Zubereitung:

1. Das Eigelb, das Salz, circa 200 Milliliter Milch und das Wasser vermengen und mit dem Mehl zu einem glatten Teig verarbeiten. Den Teig 20 bis 30 Minuten ruhen lassen.
2. Das Eiweiß zu sehr festem Schaum schlagen und unter den Teig heben.
3. 1 bis 2 Esslöffel Öl in einer Pfanne erhitzen.
4. Den Teig portionsweise zu dünnen Eierkuchen ausbacken. Dazu jeweils eine kleine Schöpfkelle Teig in der Pfanne verteilen. Die Eierkuchen von beiden Seiten goldgelb backen.

5. Den Spinat mit der restlichen Milch erhitzen, eventuell mit etwas Salz nachwürzen.
6. Den Spinat dünn auf den Eierkuchen verteilen. Den Käse in Scheiben auflegen, die Eierkuchen einschlagen oder einrollen und warm servieren.

Pro Portion: 27 g Eiweiß, 49 g Kohlenhydrate, 31 g Fett, 590 Kilokalorien

Crêpes

Zutaten: (für 4 Portionen)

250 g Mehl | 2 Eier | ½ TL Salz | ca. 200 ml Wasser | 200 ml Milch | 1 TL Butter

Zubereitung:

1. Das Mehl in eine Schüssel sieben.
2. Die Eier aufschlagen und dazugeben.
3. Das Salz und das Wasser mit dem Mehl verrühren, sodass ein flüssiger Teig entsteht.
4. Die Milch unter den Teig rühren. Den Crêpeteig etwa 2 Stunden abgedeckt kalt stellen.
5. Zum Ausbacken die Butter auf einer Platte oder in einer Pfanne erhitzen.
6. Jeweils etwa 1 kleine Schöpfkelle Teig auf die Platte geben und sofort gleichmäßig auf der Platte oder in der Pfanne verteilen. Sobald der Teig fest ist, diesen vorsichtig wenden und kurz auf der anderen Seite braten.

Pro Portion: 11 g Eiweiß, 47 g Kohlenhydrate, 7 g Fett, 300 Kilokalorien

Zum Ausbacken eignet sich am besten eine beheizbare runde Eisenplatte oder eine gusseiserne, schwere Pfanne.

Crêpes sind eine leckere Nachspeise. Kinder genießen sie gerne mit Nuss-Nougat-Creme bestrichen und eingerollt. Variante für Erwachsene: Die Crêpes mit je 1 Esslöffel Eierlikör beträufeln und mit Scheibchen einer halben Banane belegen. Variante als Vorspeise für 8 bis 10 Personen: Die Crêpes mit je 30 Gramm geriebenem Greyerzer Käse und ½ Teelöffel Röstzwiebeln bestreuen.

Tipp

Soufflé klassisch

Zutaten: (für 6 Portionen)

etwas Butter und Paniermehl für die Form | 50 g Butter | 1 EL Mehl | 250 g Sahne | etwas gem. Muskatnuss | etwas Salz und Pfeffer | 300 g ger. Käse (z. B. Parmesan, Greyerzer) | 6 Eier

Zubereitung:

1. Eine Souffléform mit etwas Butter fetten und mit Paniermehl bestäuben. Zusätzlich eine Banderole aus Alufolie aufsetzen, welche ebenfalls ausgebuttert und bestäubt werden muss. Den Backofen auf 200 Grad vorheizen. Ein Backblech mit Backpapier oder Dauerbackfolie auslegen und etwa 2 Zentimeter hoch mit Wasser befüllen.
2. Die Butter in einem Topf bei geringer Hitze zergehen lassen.
3. Das Mehl zügig unterrühren, sodass sich ein Klumpen bildet.
4. Hat sich auf dem Boden des Topfes ein leichter Film gebildet, die Sahne nach und nach unter ständigem Rühren zufügen. Die Soße sollte eine flüssige Konsistenz haben. Nach Bedarf noch etwas Sahne hinzufügen.
5. Mit Muskat, Pfeffer und Salz würzen. Den Topf vom Herd nehmen. Unter ständigem Rühren den Käse dazugeben.
6. Die Eier trennen. Das Eigelb schaumig rühren und unter die Soße heben.
7. Das Eiweiß zu sehr festem Schaum schlagen und vorsichtig unter die Masse ziehen. Dabei darf das Eiweiß seine Konsistenz nicht verlieren.
8. Das Soufflé vorsichtig in die Form gießen. Die Form in das Backblech stellen und im vorgeheizten Backofen auf der mittleren Schiene circa 40 Minuten backen. Die Backofentür auf keinen Fall zu früh öffnen.

Pro Portion: 22 g Eiweiß, 5 g Kohlenhydrate, 33 g Fett, 400 Kilokalorien

Soufflé Grand Marnier

Zutaten: (für 4 Portionen)

etwas Butter und Paniermehl für die Form | 20 g Butter | 30 g Mehl | 200 ml Milch | 3 Eigelb | 3 EL Orangenkonfitüre | 2 EL Grand Marnier | etwas Zucker | 4 Eiweiß | 1 Msp. Backpulver

Zubereitung:

1. Eine Souffléform mit etwas Butter fetten und mit Paniermehl bestäuben. Zusätzlich eine Banderole aus Alufolie aufsetzen, welche ebenfalls ausgebuttert und bestäubt werden muss. Den Backofen auf 180 Grad vorheizen. Ein Backblech mit Backpapier oder Dauerbackfolie auslegen und etwa 2 Zentimeter hoch mit Wasser befüllen.

2. Die Butter in einem Topf bei geringer Hitze zergehen lassen.
3. Das Mehl zügig unterrühren, sodass sich ein Klumpen bildet.
4. Hat sich auf dem Boden des Topfes ein leichter Film gebildet, die Milch nach und nach unter ständigem Rühren zufügen. Die Soße sollte eine flüssige Konsistenz haben. Nach Bedarf noch etwas Milch hinzufügen.
5. Das Eigelb unter die Soße rühren.
6. Die Orangenkonfitüre, den Grand Marnier und nach Belieben ein wenig Zucker unter Rühren dazugeben.
7. Das Eiweiß mit dem Backpulver zu sehr festem Schaum schlagen und vorsichtig unter die Masse ziehen. Dabei darf das Eiweiß seine Konsistenz nicht verlieren.
8. Das Soufflé vorsichtig in die Form gießen. Die Form in das Backblech stellen und im vorgeheizten Backofen auf der mittleren Schiene circa 40 Minuten backen. Die Backofentür auf keinen Fall zu früh öffnen.

Pro Portion: 9 g Eiweiß, 26 g Kohlenhydrate, 15 g Fett, 280 Kilokalorien

Fischfilet in Teigkruste

Zutaten: (für 4 Portionen)

600 g Fischfilet (z. B. Scholle) | etwas Zitronensaft | etwas Salz | 100 g Mehl | 100 g Speisestärke | 200 ml Wasser oder Weißwein | etwas Salz | 3 Eiweiß | 5–6 EL neutrales Speiseöl

Tipp

Legen Sie die Fischstücke von Ihrem Körper weg in das heiße Öl, damit kein Öl gegen Sie spritzt. Die Backtemperatur beträgt etwa 170 bis 180 Grad. Die Backdauer ist von der Fischbeschaffenheit abhängig.

Zubereitung:

1. Das Fischfilet kalt abbrausen und trocken tupfen, in Portionen teilen, beidseitig mit Zitronensaft beträufeln und mit Salz bestreichen.
2. Das Mehl, die Speisestärke, die Flüssigkeit und etwas Salz verrühren und abgedeckt 30 Minuten kalt stellen.
3. Das Eiweiß zu einem nicht ganz festen Schaum schlagen und mit einem Löffel unter den Teig heben.

4. Das Öl in einer Pfanne erhitzen. Die Fischfilets beidseitig im Teig wenden, kurz abtropfen lassen und in die Pfanne legen. Den Fisch insgesamt ca. 10 Minuten goldgelb braten, dabei nur einmal wenden.
5. Die fertigen Filets kurz auf Küchenpapier abtropfen lassen, abtupfen und servieren.

Pro Portion: 32 g Eiweiß, 39 g Kohlenhydrate, 17 g Fett, 440 Kilokalorien

Frittierte Eier

Zutaten: (für 4 Portionen)

2 Auberginen | 500 g Tomaten | 125 ml Olivenöl | 1 Knoblauchzehe | etwas Salz und Pfeffer | 2 TL Butter | 100 g gekochter Schinken, in 4 Scheiben geschnitten | 1 Bd. Petersilie | 250 ml Öl zum Frittieren | 8 Eier

Zubereitung:

1. Die Auberginen schälen und in 1 Zentimeter dicke Scheiben schneiden. Die Scheiben auf der Arbeitsunterlage ausbreiten, mit Salz bestreuen und etwa eine Stunde ruhen lassen.
2. Die Tomaten mit kochendem Wasser übergießen, häuten, halbieren und entkernen. Das Fruchtfleisch in kleine Würfel schneiden.
3. Circa 4 Esslöffel Öl in einem kleinen Topf erhitzen.
4. Die Tomatenwürfel im Öl andünsten.
5. Den Knoblauch schälen, durch die Knoblauchpresse zu den Tomaten drücken. Mit Salz und Pfeffer würzen. Abgedeckt circa 20 Minuten garen lassen.
6. Das fertige Tomatenmus durch ein Sieb streichen und warm stellen.
7. Die Auberginenscheiben mit Küchenpapier abtrocknen. Das restliche Öl in einer beschichteten Pfanne erhitzen. Die Auberginen von beiden Seiten goldgelb anbraten, aus der Pfanne nehmen und mit Küchenpapier vorsichtig abtupfen.
8. Die Butter in einer kleinen Pfanne erhitzen.
9. Den Schinken in feine Streifen schneiden und in der Butter kurz anbraten.
10. Die Petersilie waschen, die Blättchen abzupfen und fein hacken.
11. Das Öl in einer Fritteuse oder einem kleinen Topf erhitzen.
12. Die Eier nacheinander aufschlagen und einzeln ins heiße Öl gleiten lassen. Gegebenenfalls das Eiweiß mit 2 Löffeln am Eigelb halten, bis es stockt.
13. Die Eier in Scheiben schneiden und auf den Auberginenscheiben verteilen.
14. Die Schinkenstreifen auf den Eiern verteilen, die Tomatenpaste über den Schinken streichen und mit der Petersilie bestreuen. Bei Bedarf nochmals leicht nachsalzen.

Pro Portion: 21 g Eiweiß, 8 g Kohlenhydrate, 55 g Fett, 600 Kilokalorien

Ofenschlupfer mit Weincreme

Zutaten: (für 2 Portionen)

Für den Ofenschlupfer:
100 g Baguette | 3 Äpfel | 50 g Rosinen | 3 Eier | 150 ml Milch | 2 EL Puderzucker | 1 Pr. Zimt | 2 EL Zucker

Für die Weincreme:
3 Eigelb | 1 EL Zitronensaft | 2 EL Honig | 100 ml Weißwein

Zubereitung:

1. Eine Auflaufform mit Butter fetten. Den Backofen auf 200 Grad vorheizen.
2. Das Baguette in feine Scheiben schneiden.
3. Die Äpfel waschen, schälen, vierteln, entkernen und in feine Scheiben schneiden.
4. Die Baguette- und Apfelscheiben abwechselnd in die Auflaufform schichten. Die Rosinen darüberstreuen.
5. Die Eier mit der Milch, dem Puderzucker und dem Zimt verquirlen und in die Form gießen.
6. Mit Zucker bestreuen und auf der mittleren Schiene circa 30 Minuten backen.
7. Die Zutaten für die Weincreme in eine Metallschüssel geben. Wasser in einem Topf zum Kochen bringen. Die Schüssel im Wasserbad unter ständigem Rühren erhitzen, bis die Masse eindickt. Zu den warmen Ofenschlupfern servieren.

Pro Portion: 23 g Eiweiß, 110 g Kohlenhydrate, 23 g Fett, 800 Kilokalorien

Arme Ritter

Zutaten: (für 4 Portionen)
8 Scheiben Weißbrot | 2 Eier | 50 g Sahne | 200 ml Milch | 30 g Zucker | 1 Msp. Zimt | 50 g Johannisbeer- oder Preiselbeermarmelade | 1 EL Doppelkorn oder Obstbrand | etwas Puderzucker | 50 g Butter | 1 Pr. Salz

Zubereitung:

1. Die Brotrinde dünn abschneiden und in einem Becher mit den Eiern und der Sahne mit einem Mixstab fein pürieren.
2. Die Milch mit dem Zucker und dem Zimt in einem Topf erhitzen.

3. Die Marmelade mit dem Brand und dem Puderzucker verrühren.
4. Die Butter mit dem Salz in einer Pfanne erhitzen.
5. Je Vorgang 2 Brotscheiben nur kurz in der heißen Milch einweichen. Die Brotscheiben herausnehmen, mit der Marmelade bestreichen und mit der Marmeladenseite nach innen zusammenlegen.
6. In der Eimasse wenden und sofort im heißen Fett beidseitig 3 bis 5 Minuten goldbraun braten.
7. Die restlichen Portionen wie beschrieben ausbacken, mit Puderzucker bestäuben und servieren.

Pro Portion: 10 g Eiweiß, 48 g Kohlenhydrate, 21 g Fett, 420 Kilokalorien

Tipp Dazu passen Vanillesoße oder Apfelmus.

Eier in Senfsoße

Zutaten: (für 4 Portionen)

8 Eier | 2 EL Butter | 2 EL Mehl | 250 ml heiße Milch | 250 ml heiße Brühe | 4 EL mittelscharfer Senf | 1 EL Weißweinessig | 2 Pr. Zucker | etwas Pfeffer | etwas Streuwürze | 2 Eigelb

Zubereitung:

1. Die Eier circa 6 Minuten kochen.
2. Die Butter in einem Topf bei hoher Temperatur schmelzen. Das Mehl einrühren und leicht anbräunen lassen.
3. Die Milch und die Brühe vermengen und unter ständigem Rühren zu dem Mehl gießen. Es dürfen sich keine Klümpchen bilden. Die Soße bei mittlerer Temperatur etwa 2 Minuten sanft köcheln lassen.
4. Den Senf, den Essig und den Zucker zur Soße geben und mit dem Pfeffer und etwas Streuwürze kräftig abschmecken.
5. Das Eigelb verrühren und zügig unter die Soße mischen.
6. Die gekochten Eier längs halbieren, in eine Schale oder Schüssel legen, mit der Soße übergießen und gleich servieren.

Pro Portion: 18 g Eiweiß, 11 g Kohlenhydrate, 27 g Fett, 360 Kilokalorien

Tipp Dazu passen Salzkartoffeln oder Reis.

Soleier

Soleier

Zutaten: (für 6 Portionen)

6 Eier | 750 ml Wasser | 250 g Salz

Zubereitung:

1. Die Eier gegebenenfalls säubern. Das Wasser mit dem Salz in einem Topf aufkochen.
2. Die Eier im heißen Salzwasser 10 bis 12 Minuten kochen.
3. Die Eier aus dem Wasser nehmen, kalt abschrecken, die Eierspitzen etwas anschlagen oder einstechen.
4. Das Salzwasser abkühlen lassen und in ein großes Schraubglas gießen.
5. Die Eier zu dem Salzwasser in das Glas zurücklegen. Mindestens 2 bis 3 Tage kalt stellen.

Pro Portion: 7 g Eiweiß, 0 g Kohlenhydrate, 6 g Fett, 80 Kilokalorien

Tipp

Soleier haben Tradition. Es gab wohl ehemals keine Kneipe im Norddeutschen, die nicht Soleier zu Bier und Schnaps feilbot. Die Jüngeren unter uns kennen sie vermutlich nicht mehr.

Spanisches Rührei

Zutaten: (für 4 Portionen)

250 g grüne Peperoni | 250 g Zwiebeln | 4 Knoblauchzehen | 4 EL Olivenöl | 400 g Cocktailtomaten aus der Dose/dem Glas oder frisch gedünstet | 1 Pr. Zucker | 1½ TL Salz | etwas Pfeffer | ½ Bd. glatte Petersilie | 6–8 Eier | 30 g Butter | 8 Scheiben Rohschinken

Zubereitung:

1. Die Peperoni halbieren, entkernen und in kleine Stücke schneiden.
2. Die Zwiebeln und Knoblauchzehen schälen und sehr fein hacken.
3. Das Öl in einer Pfanne erhitzen, die Zwiebeln und den Knoblauch im Öl glasig dünsten.
4. Die Peperonistücke dazugeben. Bei mittlerer Hitze circa 10 Minuten unter ständigem Wenden andünsten.
5. Die Tomaten gegebenenfalls klein schneiden, mit Zucker, Salz und Pfeffer ebenfalls in die Pfanne geben. Abgedeckt nochmals circa 10 Minuten garen lassen.
6. Die Petersilie waschen, trocken tupfen, die Blättchen abzupfen und klein hacken.
7. Die Eier in einer Schüssel aufschlagen und mit ½ bis 1 Teelöffel Salz und 1 Messerspitze Pfeffer verquirlen.
8. Kurz vor dem Garzeitende der Tomaten die Butter in einer beschichteten Pfanne erhitzen und die Eier zu Rührei ausbacken.
9. Die heiße Tomatensoße zugeben und sorgfältig mit dem Rührei vermengen.
10. Sofort auf Tellern verteilen, mit der gehackten Petersilie bestreuen, mit dem Rohschinken garnieren und servieren.

Pro Portion: 23 g Eiweiß, 8 g Kohlenhydrate, 30 g Fett, 400 Kilokalorien

Pikantes Rührei

Zutaten: (für 4 Portionen)

2 EL gehackte Petersilie | 4 Eier | 2 EL Wasser | etwas Salz und Pfeffer | 100 g Räucheraal | etwas Butter zum Ausbacken

Zubereitung:

1. Die Petersilie waschen, abtupfen, die Blättchen abzupfen und klein hacken.
2. Die Eier in einer Schüssel aufschlagen und mit der Petersilie, dem Wasser, Salz und Pfeffer gut verquirlen.

3. Den Räucheraal in feine Scheiben schneiden.
4. Etwas Butter in einer Pfanne zerlassen.
5. Die Eiermasse in der Pfanne portionsweise ausbacken. Dazu jeweils eine kleine Schöpfkelle Teig in der Pfanne verteilen. Kurz bevor die Eimasse stockt, den Räucheraal zugeben.
6. Die Eierkuchen von beiden Seiten goldgelb fertig backen.

Pro Portion: 11 g Eiweiß, 0 g Kohlenhydrate, 16 g Fett, 190 Kilokalorien

Tipp

Anstelle von Räucheraal können Sie nach Belieben das Rührei auch zum Beispiel mit geräucherten Schillerlocken, geräuchertem Lachs, Schinken, Krabben, Champignons, Erbsen oder Mais servieren.

Büsumer Krabbenrührei

Zutaten: (für 4 Portionen)

4 Scheiben dunkles Brot | etwas Butter | 200 g ausgelöste Krabben | 1 EL Zitronensaft | etwas Salz und Pfeffer | 8 Eier | 8 EL Sahne | 1 TL Butter

Zubereitung:

1. Das Brot dünn mit Butter bestreichen.
2. Die Krabben mit Zitronensaft beträufeln, mit Salz und Pfeffer würzen.
3. Die Eier mit der Sahne verquirlen.
4. ½ bis 1 Teelöffel Butter in einer kleinen Pfanne zerlassen. Die Eier in die Pfanne gießen. Die Eier am Rand gar werden lassen, dann die Krabben zufügen und sorgfältig mit der Eiermasse vermengen.
5. Das Rührei auf den Brotscheiben verteilen. Sofort warm servieren.

Pro Portion: 27 g Eiweiß, 21 g Kohlenhydrate, 24 g Fett, 410 Kilokalorien

Marmor-Eier

Marmor-Eier

Zutaten: (für 4 Portionen)

6 Eier | 750 ml Wasser | 1 TL Salz | 2 EL Schwarztee | 1 Zimtstange | 2 Sternanis | 1 EL Sojasoße | 1 TL Zucker | 1 TL Salz

Zubereitung:

1. Die Eier gegebenenfalls säubern. Das Wasser mit dem Salz in einem Topf aufkochen.
2. Die Eier im heißen Salzwasser circa 5 Minuten ankochen.
3. Die Eier aus dem Wasser nehmen und kalt abschrecken. Die Eischalen auf einer festen Unterlage rundum vorsichtig anknicken. Die Schale darf sich dabei nicht lösen.
4. Das benutzte Salzwasser abgießen. Die Eier in den Topf legen und mit frischem Wasser bedecken.
5. Alle restlichen Zutaten ins Wasser geben und alles circa 20 Minuten kochen lassen.
6. Den Topf vom Herd nehmen und die Eier im Sud über Nacht ziehen lassen.
7. Zum Servieren die Eier schälen. Nach Belieben mit Salat oder einer anderen Beilage reichen.

Pro Portion: 10 g Eiweiß, 6 g Kohlenhydrate, 9 g Fett, 140 Kilokalorien

Grundrezept Nudeln

Zutaten: (für 4 Portionen)

150 g Hartweizengrieß | 50 g Weichweizengrieß | 75 g Mehl | 2 Eier | 2 TL Öl | 1 Pr. Salz | evtl. etwas Wasser

Zubereitung:

1. Den Grieß mit dem Mehl in eine Schüssel geben.
2. Die Eier, das Öl und das Salz dazugeben.
3. Alles gut durchkneten, bis ein glatter Teig entstanden ist, eventuell etwas Wasser zugeben. Der Teig kann sofort verwendet werden, aber es ist besser, ihn in Folie zu wickeln und über Nacht im Kühlschrank ruhen zu lassen.
4. Den Nudelteig mit dem Nudelholz auf einer leicht bemehlten Unterlage in mehreren Gängen kräftig walzen – je mehr, desto besser.

Pro Portion: 10 g Eiweiß, 48 g Kohlenhydrate, 6 g Fett, 290 Kilokalorien

Zur **Nudelteigherstellung** verwenden Sie am besten eine Nudelmaschine. Walzen Sie den Teig auf der dicksten Stufe beginnend und dann immer dünner werdend durch. Nach circa 10 Durchgängen erhält der Teig die richtige Konsistenz.

Für grüne Nudeln geben Sie zum Beispiel 1 Esslöffel gehackte getrocknete Kräuter wie Basilikum und Bärlauch oder Spinat zu. Rote Nudeln erhalten Sie durch die Zugabe von Tomatenmark oder Rote-Bete-Saft.

Maultaschen

Maultaschen

Zutaten: (für 4 Portionen)

1 Rezeptmenge Nudelteig (siehe Grundrezept auf Seite 61) | 1–2 mittelgroße Zwiebeln | etwas Öl | 350 g Rinderhack oder gemischtes Hack | 125 g Fleischbrät | 2 Eier | 2 Brötchen vom Vortag | ca. 100 ml Milch | ½ Bd. Petersilie | etwas Salz | etwas Pfeffer | etwas Paprikagewürz | 1 Eiweiß | 1 l Rinderbrühe | 1 l Wasser | etwas gekörnte Brühe

Zubereitung:

1. Die Nudelplatten nach dem Grundrezept auf Seite 61 zubereiten.
2. Die Zwiebeln schälen, in kleine Würfel schneiden und mit etwas Öl in einer Pfanne goldgelb dünsten.
3. Das Fleisch, das Brät und die Eier in eine Schüssel geben.
4. Die Brötchen zuerst in Scheiben und dann in Würfel schneiden. Die Würfel in eine Schüssel geben, mit der Milch übergießen und verrühren.
5. Die Brötchenwürfel mit der Hand gut ausdrücken und zum Fleisch geben.
6. Die Petersilie waschen, abtropfen lassen, die Blättchen abzupfen und klein wiegen. Die Petersilie mit den Zwiebeln zum Fleisch geben. Das Fleisch würzen.
7. Das Fleisch mit den Händen gut durchkneten, bis es eine gleichmäßige Masse bildet.
8. Aus dem Nudelteig rechteckige Platten von circa 15 x 7 Zentimetern schneiden. Die Reste können Sie nochmals walzen oder zu Bandnudeln schneiden.
9. Die Nudelplatten am Rand mit dem Eiweiß bestreichen.
10. Je 1 gehäuften Esslöffel Fleischmasse auf der einen Hälfte des Rechtecks aufsetzen. Die andere Hälfte der Nudelplatte über die Fleischmasse legen und den Rand der Maul tasche mithilfe einer Gabel leicht andrücken.
11. Circa 1 Liter Rinderbrühe mit 1 Liter Wasser in einem großen Topf zum Kochen bringen und mit gekörnter Brühe, Salz und Pfeffer abschmecken.
12. Einige Maultaschen in die leicht wallende Brühe geben. Etwa 10 Minuten bei mittlerer Hitze köcheln lassen. Dann aus der Brühe nehmen und auf ein Gitter legen. Mit den restlichen Maultaschen in gleicher Weise verfahren.
13. Die Maultaschen pur, in etwas Butter knusprig angebraten oder mit gerösteten Zwiebelringen servieren.

Pro Portion: 40 g Eiweiß, 65 g Kohlenhydrate, 32 g Fett, 710 Kilokalorien

Tipp

Reichen Sie dazu frischen Ackersalat mit einer Vinaigrette.

Maultaschen eignen sich hervorragend zum Einfrieren. Deshalb können Sie auch eine größere Menge auf Vorrat herstellen. Nach dem Auftauen brauchen sie nur kurz erhitzt zu werden.

Nudelauflauf

Nudelauflauf

Zutaten: (für 4 Portionen)

250 g Bandnudeln | 100 g gekochter Schinken oder Schinkenwurst | etwas Butter zum Fetten | 1–2 Eier | 200 g Sahne | etwas Salz | 1 Msp. Muskatnuss | 150 g ger. Gratinkäse

Tipp

Wer keine Kruste auf dem Auflauf mag, kann nach der Hälfte der Garzeit einen Deckel auf die Form setzen.

Der Nudelauflauf lässt sich wirklich kinderleicht vorbereiten. Er schmeckt besonders gut, wenn die Nudeln nur kurz gekocht und noch gut bissfest sind.

Zubereitung:

1. Die Nudeln in kochendes Salzwasser geben und bissfest kochen.
2. Den Schinken oder die Wurst in Streifen schneiden oder würfeln.
3. Den Backofen auf 220 Grad vorheizen. Eine Auflauf- oder Gratinform mit etwas Butter fetten.

4. Die Nudeln und die Schinkenwürfel in die Form schichten.
5. Die Eier in einer Schüssel leicht verquirlen. Mit Sahne, Salz, Muskat und geriebenem Käse verrühren. Die Flüssigkeit über die Nudeln gießen und den Auflauf auf der mittleren Schiene 40 bis 45 Minuten backen.

Pro Portion: 28 g Eiweiß, 45 g Kohlenhydrate, 33 g Fett, 590 Kilokalorien

Spätzle

Zutaten: (für 4 Portionen)
500 g Mehl | 5 Eier | 250 ml Wasser | 1 TL Salz | 1–2 TL Salz zum Kochen | 3 EL Butter zum Erhitzen

Zubereitung:
1. Das Mehl in eine Schüssel sieben.
2. Die Eier, das Wasser und das Salz dazugeben und zu einem zähflüssigen Teig kneten.
3. Den Teig kräftig schlagen, bis er Blasen wirft.
4. Salzwasser in einem großen Topf zum Kochen bringen. Kaltes Wasser in eine zusätzliche Schüssel mit Siebeinsatz füllen.
5. Den Teig portionsweise durch eine Spätzlepresse in das kochende Wasser drücken.
6. Die Spätzle etwa 3 bis 5 Minuten garen lassen.
7. Die Spätzle mit einem Schaumlöffel herausnehmen, kurz in den Siebeinsatz geben, den Siebeinsatz aus dem Wasser nehmen und abtropfen lassen. Die Spätzle auf einer Platte im Backofen bei 60 Grad warm stellen. Mit den weiteren Portionen ebenso verfahren.
8. Die Butter in einer Pfanne schmelzen. Die Spätzle vor dem Servieren kurz in der Butter schwenken, erwärmen und servieren.

Pro Portion: 21 g Eiweiß, 89 g Kohlenhydrate, 21 g Fett, 630 Kilokalorien

Tipp

Zu einem schwäbischen Spätzlegericht ist die Schmelze unerlässlich: Dazu lassen Sie 2 bis 3 Esslöffel Butter in einer Pfanne schmelzen, geben 4 bis 5 Esslöffel Semmelbrösel dazu und lassen diese unter Rühren kurz anbräunen. Die Schmelze über die Spätzle streuen.

Süßspeisen

Ein frisch gelegtes Ei ist eine Verheißung.

Dampfnudeln mit Vanillesoße

Zutaten: (für 6 Portionen)

Für die Dampfnudeln:
250 g Mehl | 10 g Hefe | 30 g Zucker | 120 ml Milch | 40 g Butter | 1 Eigelb | 1 Pr. Salz

Zum Kochen:
ca. 150 ml Milch (je nach Topfgröße evtl. mehr) | 1 EL Butter | 2 EL Zucker

Für die Vanillesoße:
3 TL Speisestärke | 500 ml handwarme Milch | 1 Pck. Vanillezucker | 1 EL Zucker | 2 Eigelb

Dampfnudeln mit Vanillesoße

Zubereitung:

1. Das Mehl in eine Schüssel sieben. Eine Mulde ins Mehl eindrücken. Die Hefe in eine Tasse bröckeln, mit einer Prise Zucker und etwas handwarmer Milch auflösen, in die Mulde geben und etwas mit dem Mehl verrühren.
2. Die Butter, in Flöckchen geschnitten, den übrigen Zucker, das Eigelb und das Salz auf dem Mehlrand verteilen. Abgedeckt an einem warmen Ort 15 Minuten ruhen lassen.
3. Die restliche Milch zum Vorteig geben, alles zu einem Teig kneten und schlagen, bis der Teig Blasen wirft.
4. Den Teig in 6 bis 8 Stücke teilen und daraus runde Bälle formen. Abgedeckt weitere 15 Minuten ruhen lassen.
5. Die Milch mit der Butter und dem Zucker in einem Topf zum Kochen bringen. Die Teiglinge nicht zu eng nebeneinander in den Topf setzen und bei geschlossenem Deckel 12 bis 15 Minuten köcheln lassen, bis die Flüssigkeit verdampft ist.

6. Für die Vanillesoße die Speisestärke mit etwas kalter Milch auflösen. Die restliche Milch mit dem Vanillezucker und dem Zucker in einem weiteren Topf unter Rühren zum Kochen bringen.
7. Die aufgelöste Stärke dazugießen und unter kräftigem Rühren nochmals aufkochen, bis sie dickflüssig wird.
8. Den Topf vom Herd nehmen und das Eigelb in die Soße rühren.

Pro Portion: 10 g Eiweiß, 57 g Kohlenhydrate, 16 g Fett, 420 Kilokalorien

Tipp

Dampfnudeln setzen leicht am Topfboden an und können anbrennen, wenn die Temperatur zu hoch ist und die Flüssigkeit deshalb zu schnell verdampft. Da man den Deckel während des Garens nicht anheben sollte, ist ein Glasdeckel sehr von Vorteil. So kann man erkennen, wann die Nudeln schön aufgegangen und unten braun karamellisiert sind. Die Milch darf erst gegen Ende der Kochzeit verdampft sein.

Kaiserschmarrn mit Quark

Zutaten: (für 4 Portionen)

4 Eier | 5 EL Zucker | 1 Pr. Salz | 100 ml Milch | 150 g Mehl | 250 g Quark (20 % Fett) | 1 TL ger. Zitronenschale | 2 EL Butter | etwas Puderzucker

Zubereitung:

1. Die Eier trennen, das Eiweiß zu festem Eischnee schlagen.
2. Das Eigelb mit 4 Esslöffeln Zucker und dem Salz schaumig aufrühren, bis das Eigelb eine helle Farbe annimmt.
3. Nach und nach abwechselnd die Milch und das Mehl unterrühren.
4. Den Quark abtropfen lassen und vorsichtig unterheben. Mit der Zitronenschale verfeinern, den Eischnee vorsichtig unterziehen.
5. 1 Esslöffel Butter in einer beschichteten Pfanne erhitzen.
6. Die Hälfte des Teiges in die Pfanne gießen und von beiden Seiten in der Butter leicht anbacken, dann mit einer Gabel den Teig in kleine Stücke teilen. Den Schmarrn goldgelb fertig braten.

7. Die zweite Teighälfte ebenso backen.
8. Die Teigstücke mit dem restlichen Zucker bestreuen und abgedeckt bei niedriger Hitze kurz ruhen lassen.
9. Den Schmarrn auf Tellern verteilen, nach Wunsch mit Puderzucker bestreuen und warm serv eren.

Pro Portion: 18 g Eiweiß, 56 g Kohlenhydrate, 18 g Fett, 460 Kilokalorien

Trauben-Mandel-Creme

Zutaten: (für 4 Portionen)

150 ml weißer Traubensaft | 50 g Zucker | 600 g weiße Trauben | 3 EL Grappa | 6 Eigelb | 100 g Zucker | ½ EL Speisestärke | 1 Vanilleschote | 600 ml Milch | 150 g Sahne | 4 EL Mandellikör | 1 Eiweiß | weiße Trauben am Stiel | etwas Zucker | 3 EL geröstete Mandelblättchen

Zubereitung:

1. Den Traubensaft mit dem Zucker aufkochen lassen und vom Herd nehmen.
2. Die Trauben waschen, halbieren und entkernen.
3. Den Grappa und die Trauben zu dem Saft geben. Abgedeckt 2 Stunden ziehen lassen.
4. Inzwischen das Eigelb und den Zucker schaumig aufrühren, bis das Eigelb eine helle Farbe annimmt.
5. Die Speisestärke dazusieben und unterheben.
6. Die Vanilleschote mit einem spitzen Messer der Länge nach aufschneiden und das Mark leicht ankratzen, aber nicht von der Schale lösen.
7. Die Milch mit der Sahne und der Vanilleschote aufkochen und vom Herd nehmen. Noch heiß langsam unter die Eimasse rühren. Die Masse in den Topf zurückgeben und nochmals bis kurz vor den Siedepunkt erhitzen. Die Vanilleschote aus der Milch nehmen.
8. Die Creme im kalten Wasserbad unter ständigem Rühren erkalten lassen. Mit dem Mandellikör verfeinern. Ebenfalls circa 2 Stunden kalt stellen.
9. Das Eiweiß steif schlagen.
10. Die ganzen Trauben mit Eiweiß bestreichen und im Zucker wenden. Dann auf Küchenpapier ausgebreitet trocknen lassen.
11. Die eingelegten Trauben in Gläser verteilen, mit der Creme übergießen. Mit den gezuckerten Trauben garnieren und mit den Mandelblättchen bestreuen.

Pro Portion: 14 g Eiweiß, 92 g Kohlenhydrate, 31 g Fett, 740 Kilokalorien

Karthäuser Klöße

Zutaten: (für 4 Portionen)

6 Milchbrötchen oder Semmeln | 2 Eier | 150 ml Milch | 50 g Semmelbrösel | 50 g gem. Nüsse oder Mandeln | etwas Zucker | etwas Zimt | etwas Butterfett oder -schmalz

Zubereitung:

1. Die Rinde der Brötchen rundherum abreiben und jedes Brötchen in 4 Stücke teilen.
2. Die Eier in einer Schüssel aufschlagen, mit einem Schneebesen verquirlen und die Milch dazurühren.
3. Die Brötchenstücke in die Schüssel legen, ab und zu drehen, bis sie sich vollgesogen haben. Auf ein Gitter setzen.
4. Die Semmelbrösel in einer flachen Schüssel mit den gemahlenen Nüssen oder Mandeln vermischen. Die Brötchenstücke darin wenden.
5. Zimt und Zucker vermischen.
6. Das Butterschmalz in einer großen Pfanne erhitzen. Die Karthäuser Klöße in der Pfanne rundherum goldbraun ausbacken.
7. Die noch heißen Klöße in Zucker und Zimt tauchen und klassisch mit einer leckeren Vanillesoße servieren.

Pro Portion: 13 g Eiweiß, 61 g Kohlenhydrate, 21 g Fett, 480 Kilokalorien

Tipp

Sie können für die Klöße Brötchen vom Vortag verwenden. Bestens geeignet ist auch ein eingetrockneter Hefezopf.

Mutzenmandeln

Zutaten: (für 4 Portionen)

125 g Zucker | 50 g Butter | 3 Eier | 10 ml Rum | 60 g Sahne | Mark von ½ Vanilleschote | 75 g ger. Mandeln | 375 g Mehl | 1 Pck. Backpulver | ca. 500 g Butter, Butterschmalz oder 1½ l Speiseöl zum Ausbacken | etwas Puderzucker zum Bestreuen

Zubereitung:

1. Den Zucker mit der Butter, den Eiern und dem Rum schaumig rühren.
2. Unter Rühren die Sahne und das Vanillemark zugeben. Die Mandeln unter die Masse mischen.

Karthäuser Klöße

Mutzenmandeln

3. Das Mehl und das Backpulver dazusieben und alles zügig zu einem Teig kneten.
4. Den Teig circa 1 Zentimeter dick ausrollen und mit besonderen Mutzenausstechformen Mandeln ausstechen.
5. Das Fett in einem großen Topf erhitzen.
6. Die Teigmandeln nach und nach ins heiße Fett geben, circa 2 Minuten knusprig ausbacken. Dabei zwischendurch mehrmals wenden, damit beide Seiten gleichmäßig bräunen. Die Mutzenmandeln mit einem Schaumlöffel herausnehmen und auf Küchenpapier gut abtropfen lassen.
7. Mit Puderzucker bestreuen und warm servieren.

Pro Portion: 18 g Eiweiß, 109 g Kohlenhydrate,41 g Fett, 890 Kilokalorien

An Karneval wird es in den Rheinmetropolen Köln und Düsseldorf ganz bunt getrieben. Das echt rheinische Karnevalsgebäck sind die Mutzenmandeln. In Butterschmalz ausgebacken erhalten sie einen unvergesslichen Geschmack und werden den in Öl ausgebackenen um vieles vorgezogen.

Tiramisu

Tiramisu

Zutaten: (für 6 Portionen)

150 g Löffelbiskuits | 200 ml starker Kaffee | 4 Eigelb | 100 g Puderzucker | 2 EL Mandellikör | 500 g Mascarpone | 2 EL Kakaopulver

Zubereitung:

1. Die Hälfte der Löffelbiskuits in Kaffee tränken und bündig in eine Auflaufform legen.
2. Das Eigelb mit dem Puderzucker und dem Mandellikör schaumig rühren.
3. Den Mascarpone löffelweise unter die Eimasse ziehen.
4. Etwa die Hälfte der Mascarponecreme in einer Schicht auf den Biskuits verteilen.
5. Die restlichen Biskuits tränken, auf der Cremeschicht verteilen und mit der übrigen Creme bestreichen.
6. Den Kakao mit einem Sieb gleichmäßig auftragen. Abgedeckt kalt stellen.

Pro Portion: 8 g Eiweiß, 39 g Kohlenhydrate, 47 g Fett, 620 Kilokalorien

Mousse au Chocolat

Zutaten: (für 4 Portionen)

150 g Zartbitterkuvertüre | 4 Eiweiß | 1 TL Puderzucker

Zubereitung:

1. Die Kuvertüre klein hacken oder grob raspeln.
2. Wasser in einem Topf auf etwa 50 Grad erhitzen.
3. Die gehackte Kuvertüre in eine Metallschüssel geben und im Wasserbad schmelzen lassen.
4. Das Eiweiß in einer Schüssel mit dem Puderzucker zu festem Schaum schlagen.
5. Die Kuvertüre langsam zum Eischaum gießen und vorsichtig unterziehen. Keinesfalls schlagen oder rühren.
6. Die Mousse in Portionsschälchen verteilen und abkühlen lassen.

Pro Portion: 6 g Eiweiß, 19 g Kohlenhydrate, 12 g Fett, 210 Kilokalorien

Quittenmousse

Zutaten: (für 4 Portionen)

2 gr. Quitten | ½ Vanilleschote | 200 ml Weißwein | 70 g Zucker | 3 Eigelb | 4 Blatt Gelatine | 250 g Sahne | 1 EL Williams Christ-Birnenbrand

Zubereitung:

1. Eine Kastenkuchenform (circa 25 x 10 Zentimeter) mit Frischhaltefolie auslegen.
2. Die Quitten mit einem Tuch fein abreiben, schälen, halbieren, entkernen und in kleine Stücke schneiden.
3. Die Vanilleschote mit einem spitzen Messer der Länge nach aufschneiden und das Mark leicht ankratzen, aber nicht herausschälen.
4. Die Quitten zusammen mit der Vanilleschote, dem Weißwein und 40 g Zucker in einem Topf bei mittlerer Hitze 10 bis 15 Minuten garen lassen.
5. Die Vanilleschote aus dem Topf nehmen und das Quittenmus fein pürieren.
6. Das Eigelb und den Rest des Zuckers schaumig aufrühren, bis das Eigelb eine helle Farbe annimmt.
7. Die Gelatineblätter circa 5 Minuten in kaltem Wasser quellen lassen.
8. Die Sahne steif schlagen.
9. Vom Quittenpüree 300 g abwiegen, den Rest beiseitestellen.

10. Die Gelatine in einem Topf bei niedriger Temperatur erhitzen, bis sie sich vollständig aufgelöst hat.
11. 6 Esslöffel des abgewogenen Pürees und den Birnenbrand mit der Gelatine verrühren und nochmals kurz erwärmen.
12. Die aufgelöste Gelatine unter kräftigem Rühren zügig unter den Rest des Pürees ziehen. Die Eicreme und die Sahne unterheben.
13. Die Mousse in die Kastenform füllen. Abgedeckt mindestens 4 bis 6 Stunden kalt stellen.
14. Zum Servieren mit einem Teelöffel Nocken aus der Mousse stechen und mit dem restlichen Quittenpüree auf Portionstellern anrichten.

Pro Portion: 6 g Eiweiß, 28 g Kohlenhydrate, 24 g Fett, 400 Kilokalorien

Karamellcreme

Zutaten: (für 4 Portionen)

20 g Butter | 6 EL Zucker | 4 Eier | 1 Pck. Vanillezucker | 400 ml Milch

Zubereitung:

1. Die Butter in einem kleinen Topf zerlassen.
2. 5 Esslöffel Zucker zur heißen Butter geben und schmelzen lassen.
3. Bevor der Zucker karamellisiert, 3 Esslöffel Wasser unter ständigem Rühren langsam zugeben.
4. Den Zucker unter Rühren langsam karamellisieren lassen.
5. Das Karamell in die Mitte einer Auflauf- oder Gratinform geben.
6. Den Backofen auf 180 Grad vorheizen.
7. Die Eier aufschlagen und mit dem restlichen Zucker und Vanillezucker 3 bis 5 Minuten schaumig rühren.
8. Die Milch kurz aufkochen lassen, dann unter ständigem Rühren zur Eimasse geben. Die Creme durch ein Haarsieb passieren und über das Karamell gießen.
9. Ein Backblech zur Hälfte mit heißem Wasser füllen. Die Form in das Backblech stellen und auf der mittleren Schiene 25 bis 30 Minuten backen lassen. Die Creme ist erst dann fertig, wenn sie einem Fingerdruck standhält.
10. Die Creme abkühlen lassen.
11. Den Rand der Creme mit einem scharfen Messer von der Form lösen und vorsichtig auf eine Platte stürzen.

Pro Portion: 10 g Eiweiß, 38 g Kohlenhydrate,14 g Fett, 320 Kilokalorien

Mandarinencreme

Mandarinencreme

Zutaten: (für 4 Portionen)

Für die Creme:
3 Blatt weiße Gelatine | Saft von 1 Limette | 4 EL Zucker | 250 g Sahnequark | 200 ml frisch gepresster Mandarinensaft | 1 Eigelb | 100 g Mandarinenschnitze aus der Dose | 150 g Sahne

Für die Verzierung:
50 g Sahne | 4 Mandarinenstücke | Melissenblättchen

Tipp

Einfach zubereitet und hübsch garniert rundet dieses sehr erfrischende Dessert jedes Gericht vorzüglich ab.

Zubereitung:

1. Die Gelatine im kalten Wasser circa 5 Minuten quellen lassen.
2. Den Limettensaft, den Zucker und den Quark vorsichtig verrühren.
3. Den Mandarinensaft in einem kleinen Topf leicht erhitzen und vom Herd nehmen.
4. Das Eigelb unter den heißen Saft rühren. Die eingeweichte Gelatine etwas ausdrücken und ebenfalls in dem heißen Saft auflösen.
5. 3 bis 4 Esslöffel von der Creme mit dem Saft verrühren.
6. Diese Mischung unter Rühren zur Creme geben. Die Creme abdecken und kühl stellen.

7. Die Mandarinenstücke abtropfen lassen, 4 Stücke für die Verzierung zur Seite legen. Die abgetropften Mandarinenstücke noch etwas zerkleinern.
8. Die Sahne steif schlagen.
9. Beginnt die Creme fest zu werden, die geschlagene Sahne und die Mandarinenstücke vorsichtig unterheben.
10. Die Creme in Dessertschälchen oder Gläser füllen und mindestens 2 Stunden kalt stellen.
11. Vor dem Servieren mit einer Sahnerosette, Melissenblättchen und einem Mandarinenstück verzieren.

Pro Portion: 9 g Eiweiß, 35 g Kohlenhydrate, 26 g Fett, 410 Kilokalorien

Eierlikörmousse

Zutaten: (für 4 Portionen)

4 Blatt weiße Gelatine | 4 Eigelb | 80 g Puderzucker | 1 Vanilleschote | 200 ml Milch | 200 ml Eierlikör | 200 g Sahne | säuerliches Kompott nach Wahl

Zubereitung:

1. Die Gelatine circa 5 Minuten in kaltem Wasser quellen lassen.
2. Das Eigelb in einer Schüssel mit dem Puderzucker schaumig aufrühren, bis das Eigelb eine helle Farbe annimmt.
3. Die Vanilleschote mit einem spitzen Messer der Länge nach aufschneiden und das Mark ankratzen, aber nicht herauslösen.
4. Die Milch zusammen mit der Vanilleschote in einem kleinen Topf aufkochen lassen und vom Herd nehmen. Die Vanilleschote herausnehmen.
5. Die Milch unter ständigem Rühren unter die Eimasse ziehen.
6. Die Eimasse nochmals bis kurz vor den Siedepunkt erhitzen.
7. Die Creme durch ein Haarsieb streichen.
8. Die Gelatine aus dem Wasser nehmen, etwas ausdrücken und unter Rühren in der heißen Creme auflösen.
9. Den Eierlikör unter die Creme ziehen.
10. Die Creme abgedeckt kalt stellen.
11. Die Sahne sanft steif schlagen. Beginnt die Creme fest zu werden, die Sahne unter die Creme heben. Abgedeckt mindestens nochmals 2 Stunden oder über Nacht kalt stellen.
12. Zum Servieren mit einem Eislöffel Kugeln aus der Mousse stechen und mit dem Kompott auf Portionstellern anrichten.

Pro Portion: 10 g Eiweiß, 63 g Kohlenhydrate, 27 g Fett, 590 Kilokalorien

Weincreme

Zutaten: (für 4 Portionen)

4 Eier | 250 ml Weißwein | 1 unbehandelte Zitrone | 10 Zuckerwürfel | 1 EL Kirschwasser

Zubereitung:

1. Die Eier trennen, das Eiweiß kühl stellen.
2. Das Eigelb mit dem Weißwein in einen kleinen Topf geben und sorgfältig vermischen.
3. Die Zitrone mit heißem Wasser abbrausen. Die Zitronenschale mit einem Messer leicht anrauen. Die Zuckerwürfel von allen Seiten kräftig an der Zitrone reiben.
4. Die Zuckerwürfel und das Kirschwasser zu dem Wein geben.
5. Die Masse in dem Topf bei mittlerer Temperatur und unter kräftigem Rühren erhitzen. Die Temperatur der Creme darf nicht über 80 Grad steigen.
6. Wird die Masse cremig, den Topf vom Herd nehmen und abkühlen lassen.
7. Kurz vor dem Servieren das Eiweiß zu festem Schaum schlagen und unter die Creme heben.
8. Die Creme in Portionsschälchen abfüllen. Die restliche Zitronenschale fein abreiben und über die Creme streuen.

Pro Portion: 7 g Eiweiß, 13 g Kohlenhydrate, 6 g Fett, 180 Kilokalorien

Schokodessert in der Tasse

Zutaten: (für 4 Portionen)

40 ml starker Espresso | 120 g Edelbitterschokolade | 100 g Sahne | 2 Eiweiß | 2 EL Zucker | 140 g Sahne | Schokoraspeln und Kakaopulver zum Garnieren

Zubereitung:

1. Den Espresso zubereiten und etwas abkühlen lassen.
2. Die Schokolade zerbröckeln und in eine kleine Metallschüssel geben. Die Metallschüssel in einen Topf mit etwas Wasser setzen. Den Topf auf den Herd stellen und die Schokolade in diesem Wasserbad schmelzen. Die Schokolade darf nicht zu heiß werden, damit sie nicht gerinnt (maximal 40 bis 50 Grad).
3. Den Espresso und die Sahne unter die Schokolade rühren.
4. Das Eiweiß in einer Schüssel steif schlagen. Unter Schlagen den Zucker einrieseln lassen und noch einmal circa 1 Minute weiterschlagen, bis ein glänzender Eischnee entsteht. Den Eischnee vorsichtig unter die Schokoladenmasse heben.

5. Die Schokoladencreme in 4 Tassen füllen und mindestens 1 Stunde kalt stellen.
6. Vor dem Servieren das Schokoladendessert mit geschlagener Sahne, Schokoraspeln und Kakaopulver garnieren.

Pro Portion: 6 g Eiweiß, 26 g Kohlenhydrate, 29 g Fett, 390 Kilokalorien

Tipp

Schokoladendesserts sind vor allem an kalten Tagen beliebt bei Groß und Klein. Für Kinder kann der Espresso durch Kakaogetränk ersetzt werden.

Nougatcreme

Zutaten: (für 4 Portionen)

Für die Creme:
4 Blatt weiße Gelatine | 4 Eigelb | 80 g Rohrzucker | 1 Vanilleschote | 300 ml Milch | 125 g Schokolade mit Nougatfüllung | 300 g Sahne | 30 g Kristallzucker | 2 EL Orangenlikör

Für die Verzierung:
50 g Sahne | ½ TL Zucker | Beeren oder Früchte der Saison (oder TK)

Zubereitung:

1. Die Gelatine in kaltem Wasser etwa 5 Minuten quellen lassen, aus dem Wasser nehmen und etwas ausdrücken.
2. Eigelb und Zucker in einer Schüssel schaumig rühren.
3. Die Vanilleschote der Länge nach aufschneiden, das Mark mit einem spitzen Messer herauskratzen und beides mit der Milch in einem Topf zum Kochen bringen.
4. Die Vanilleschote entfernen und die heiße Milch unter ständigem Rühren langsam zur Eimasse gießen.
5. Die Mischung in den Topf gießen und unter Rühren so lange erhitzen, bis die Masse dickflüssig wird.
6. Die heiße Masse durch ein Haarsieb streichen.
7. Die weiche Gelatine dazugeben und gut verrühren. Abkühlen, aber nicht fest werden lassen.
8. Die Nougatschokolade hacken, im Wasserbad schmelzen und wieder etwas abkühlen lassen.
9. Die Sahne mit dem Zucker steif schlagen und kurz unter die Crememasse heben.
10. Etwa ein Drittel der Creme in 4 Gläser verteilen. Die noch flüssige Schokolade und den Orangenlikör unter die restliche Creme rühren und die dunkle Creme ebenfalls auf die Gläser verteilen.
11. Zum Servieren die Sahne und den Zucker steif schlagen, in einen Spritzbeutel geben und die Cremeportionen mit Sahne und Früchten garnieren.
12. Vor dem Servieren 3 bis 4 Stunden kalt stellen.

Pro Portion: 12 g Eiweiß, 55 g Kohlenhydrate, 41 g Fett, 650 Kilokalorien

Tipp

Eine passende Dessertsoße:
100 ml Rotwein, 1 EL Orangensaft, 30 g Rohrzucker, 1 Zimtstange und die abgeriebene Schale von ½ unbehandelten Orange zum Kochen bringen, die Hitze reduzieren, 5 bis 10 Minuten leicht köcheln lassen und vom Herd nehmen. Die Zimtstange entfernen und die Soße heiß oder kalt servieren.

Nougatcreme

Baiser

Baiser

Zutaten: (für 4 Baisers)

3 Eiweiß | 100 g Zucker | 2–3 Tr. Vanillearoma | ½ TL Weißweinessig | knapp 1 TL kochendes Wasser

Zubereitung:

1. Den Backofen auf 120 Grad vorheizen. Ein Backblech mit Backpapier oder Backfolie auslegen.
2. Alle Zutaten mit einem Mixer circa 7 Minuten pürieren.
3. Die Masse in einen Spritzbeutel mit Sterntülle geben und 4 Baisers direkt auf das Backblech spritzen. Auf der untersten Schiene circa 1 Stunde bei angelehnter Backofentür (eventuell Holzlöffel einklemmen) trocknen lassen.

Pro Stück: 3 g Eiweiß, 25 g Kohlenhydrate, 0 g Fett, 110 Kilokalorien

Tipp

Das klassische Baiser besteht aus drei gleichen Teilen Eiweiß, Kristallzucker und Puderzucker sowie einer Prise Salz und etwas Vanillearoma. Das Eiweiß wird mit dem Salz und zwei Dritteln der Kristallzuckermenge zu festem Schaum geschlagen. Unter Rühren den restlichen Kristallzucker und das Vanillearoma dazugeben. Den Puderzucker portionsweise zum Eiweißschaum sieben und jeweils kurz rühren. Die Masse wie oben beschrieben auf ein Backblech spritzen und im Ofen trocknen.

Salzburger Nockerln

Zutaten: (für 4 Portionen)

etwas Butter zum Fetten | 6 Eiweiß | 100 g Zucker | 1 Pck. Vanillezucker | 3 Eigelb | 1 Msp. abger. Schale von 1 unbeh. Zitrone | 20 g Mehl

Zubereitung:

1. Den Backofen auf 220 Grad vorheizen. Eine Gratin- oder Auflaufform fetten.
2. Das Eiweiß in einer Schüssel zu festem Schaum schlagen. Den Zucker und Vanillezucker dabei einrieseln lassen.
3. Das Eigelb und die Zitronenschale verrühren und vorsichtig unter den Eischaum mischen.
4. Das Mehl zur Eimasse sieben und ebenfalls vorsichtig unterheben.
5. Je ein Viertel oder Drittel der Teigmasse nebeneinander in die Form setzen. Auf der mittleren Schiene 8 bis 10 Minuten backen. Die Backofentür nicht zu früh öffnen.

Pro Portion: 8 g Eiweiß, 310 g Kohlenhydrate, 5 g Fett, 200 Kilokalorien

Tipp

Wer Beeren in der Tiefkühltruhe bevorratet, kann die Nockerln mit erhitzten Beeren servieren. Sie schmecken außerdem köstlich mit Vanillesoße.

Safraneiscreme

Zutaten: (für 4 Portionen)

40 g Rosinen | 3 EL Rum | 2 Vanilleschoten | 500 ml Milch | ½ TL Safranfäden | 5 Eigelb | 6 EL Honig | 200 g Sahne

Zubereitung:

1. Die Rosinen heiß abwaschen, grob zerkleinern und in Rum einlegen.
2. Die Vanilleschoten mit einem spitzen Messer der Länge nach aufschneiden und das Mark ankratzen. Die Milch mit den Vanilleschoten und den Safranfäden langsam zum Kochen bringen. Leicht abkühlen lassen und die Vanilleschoten entfernen. →

3. Das Eigelb in einer Schüssel verquirlen. Die Safranmilch unter ständigem Rühren zufügen.
4. Die Eigelbmasse in eine Metallschüssel geben. Wasser in einem Topf zum Kochen bringen. Die Eigelbmasse im Wasserbad zur Rose abziehen. Nach und nach den Honig und die Rosinen mit dem Rum einrühren.
5. Die Masse im Eisbad kalt rühren.
6. Die Sahne steif schlagen und unter die Eiscreme rühren.
7. Die Creme in der Eismaschine gefrieren lassen. Zum Servieren Kugeln abstechen.

Pro Portion: 10 g Eiweiß, 43 g Kohlenhydrate, 28 g Fett, 470 Kilokalorien

Crème Brûlée

Zutaten: (für 4 Portionen)

300 g Sahne | 120 ml Milch | 65 g Zucker | Mark von 1 Vanilleschote | 3 Eigelb | 4 TL Rohrzucker

Zubereitung:

1. Den Backofen auf 165 Grad vorheizen.
2. Die Sahne, die Milch, den Zucker und das Vanillemark in einer Schüssel gründlich vermischen. Das Eigelb verquirlen und unter die Crememasse rühren.
3. Die Crememasse in 3 bis 4 Keramik- oder hitzebeständige Glasschälchen füllen. Die Schälchen auf ein Backblech stellen und so viel kochendes Wasser auf das Blech gießen, dass die Schälchen nach Möglichkeit etwa zur Hälfte im Wasser stehen.
4. Die Creme auf der mittleren Schiene des Backofens circa 45 Minuten stocken lassen.
5. Die fertige Creme aus dem Backofen nehmen und abkühlen lassen.
6. Zum Servieren auf jede Cremeportion 1 Teelöffel Rohrzucker streuen und den Zucker mit einem Küchen-Gasbrenner kurz anbrennen.

Pro Portion: 5 g Eiweiß, 30 g Kohlenhydrate, 28 g Fett, 390 Kilokalorien

Tipp

Die Crememasse lässt sich gut schon einen Tag vorher zubereiten. Dazu die rohe Crememasse abgedeckt über Nacht im Kühlschrank ruhen lassen und am nächsten Tag fertigstellen.

Topfenpalatschinken

Zutaten: (für 4 Portionen)

Für die Omeletts:
2 Eier | 250 ml Milch | 30 g Zucker | 100 g Mehl | etwas Butter zum Ausbacken

Für die Füllung:
30 g weiche Butter | 2 Eigelb | 250 g Magerquark | 50 g Rosinen | 1 EL Rum | Schale von ½ Zitrone | 2 Eiweiß | 80 g Zucker

Zum Fertigstellen:
1 Ei | 150 ml Milch | 1 EL Zucker | 1 Pck. Vanillezucker

Zubereitung

1. Die Eier in einer Schüssel schaumig rühren.
2. Die Milch und den Zucker unter Rühren nach und nach dazugeben.
3. Das Mehl dazusieben und rühren, bis ein glatter Teig entsteht.
4. Die Butter in einer beschichteten Pfanne bei mittlerer Temperatur schmelzen.
5. Den Teig portionsweise in der heißen Butter ausbacken.
6. Für die Füllung die Butter mit dem Eigelb schaumig rühren. Den Quark, die Rosinen, den Rum und die Zitronenschale mit einem Rührlöffel unter die Eimasse heben. Die Masse nochmals kräftig glatt rühren.
7. Das Eiweiß zu festem Schaum schlagen und nach und nach den Zucker einrieseln lassen. Den Eiweißschaum vorsichtig unter die Eimasse heben.
8. Den Backofen auf 200 Grad vorheizen. Eine Auflauf- oder Gratinform mit etwas Butter fetten.
9. Die ausgebackenen Omeletts auf einer Arbeitsfläche beziehungsweise einem Brett auslegen, mit der Quarkmasse bestreichen und aufrollen.
10. Die Omelettrollen halbieren und ziegelartig in die Auflaufform legen.
11. Das Ei mit der Milch, dem Zucker und Vanillezucker kräftig verrühren. Über die Palatschinken gießen. Auf der mittleren Schiene etwa 25 Minuten backen.

Pro Portion: 23 g Eiweiß, 69 g Kohlenhydrate, 22 g Fett, 580 Kilokalorien

Gebäck

Die Gelinggarantie beim Backen ist das frische Ei.

Schokoladen-Passionsfrucht-Tarte mit Jasminteefrüchten

Zutaten: (für 2 Tarteformen à 18 Zentimeter Durchmesser, ergibt 16 Stücke)

Für den Teig:
200 g Mehl | 70 g Puderzucker | 100 g Butter | 1 Msp. Salz | 1 Eigelb | Hülsenfrüchte zum Blindbacken

Für die Schokoladenfüllung:
200 g Zartbitterschokolade | 180 g Sahne | 6 EL Milch | 220 g Zucker | 2 cl Kaffeelikör | 2 Eier

Für die Passionsfruchtfüllung:
175 ml Passionsfruchtsaft | 4 Eier | 2 Eigelb | 160 g Zucker | 225 g Crème fraîche

Für die Jasminteefrüchte:

2 Blatt weiße Gelatine | 1 Ingwerstück (ca. 1 cm) | 1 Vanilleschote | 1–2 EL Zucker | 20 g Jasminteeblätter | 250 ml Wasser | 1 Babyananas oder ½ süße Ananas | 2 Tamarillos oder 100 g Physalis | 4 Feigen | 1 Mango (am besten Thai-Mango) | 1 Granatapfel | 1 Banane oder 2 Babybananen

Tipp

Die Tarte kann bis zu zwei Tage vorher zubereitet werden.

Zubereitung:

1. Für den Tarteboden das Mehl und den Puderzucker mischen, auf eine Unterlage sieben und in die Mitte eine Mulde drücken. Die Butter in Flöckchen und das Salz auf dem Mehlrand verteilen. Das Eigelb in die Mulde geben. Die Zutaten mit einem großen Messer von außen zur Mitte hin zu einem Mürbeteig kneten, in Frischhaltefolie verpacken und 1½ bis 2 Stunden im Kühlschrank ruhen lassen.
2. Den Backofen auf 180 Grad vorheizen. Zwei Tarte- oder kleine Kuchenformen mit circa 18 Zentimeter Durchmesser fetten.
3. Den Mürbeteig auf einer leicht bemehlten Unterlage zu zwei etwa 2 Millimeter dicken Platten ausrollen und in die Backformen legen. Die Teiglagen mit Backpapier auslegen und die Form mit Hülsenfrüchten auffüllen. Auf der mittleren Schiene 20 bis 25 Minuten backen.
4. Das Gebäck auf einem Kuchengitter abkühlen lassen, dann das Backpapier und die Hülsenfrüchte herausnehmen.
5. Die Backofentemperatur auf 160 Grad reduzieren.
6. Die Schokolade klein hacken und mit Sahne, Milch und Zucker in eine Metallschüssel geben. Im Wasserbad langsam erhitzen. Den Kaffeelikör und die Eier zur geschmolzenen Schokolade geben und weiterrühren, bis die Masse bindet.
7. Die Schokomasse auf den gebackenen Tarteböden verteilen. Im Backofen circa 10 Minuten stocken lassen, aus dem Ofen nehmen und abkühlen lassen.
8. Für die Passionsfruchtlage die Zutaten verrühren und ebenfalls im Wasserbad erhitzen, bis die Masse bindet.
9. Die Fruchtmasse auf der Schokofüllung verteilen und im Backofen (160 Grad) 15 bis 20 Minuten stocken lassen.
10. Für die Jasminteefrüchte die Gelatine in kaltem Wasser circa 5 Minuten quellen lassen.
11. Das Ingwerstück schälen und zerkleinern. Die Vanilleschote mit einem spitzen Messer der Länge nach aufschneiden. Ingwer, Vanille, Zucker und Teeblätter mit dem Wasser aufbrühen. Den Tee 3 bis 5 Minuten ziehen lassen, vom Herd nehmen und absieben.
12. Die Gelatine aus dem Wasser nehmen, etwas ausdrücken und unter den Tee rühren.

Schokoladen-Passionsfrucht-Tarte mit Jasminteefrüchten

13. Die Bananen noch beiseitelegen. Die übrigen Früchte waschen, außer den Feigen schälen beziehungsweise den Fruchtinhalt mit einem Löffel herausnehmen und die Früchte in nicht zu kleine Stücke oder Scheiben schneiden. Die Fruchtstücke in dem heißen Tee mindestens 2 bis 3 Stunden ziehen lassen. Dann erst die Bananen in Scheiben schneiden und kurz mit einlegen.
14. Die Tarte mit einem scharfen Messer in Stücke schneiden, mit den Früchten auf Portionstellern anrichten und servieren.

Pro Stück: 7 g Eiweiß, 53 g Kohlenhydrate, 19 g Fett, 420 Kilokalorien

Eierlikör-Sauerkirsch-Torte

Zutaten: (für 1 Springform, Durchmesser 28 Zentimeter, ergibt 16 Stücke)

Für den Fruchtteig:
400 g Sauerkirschen aus dem Glas oder TK | 100 g weiche Butter | 80 g Zucker | 1 Pr. Salz | 2 Eier | 100 g Mehl | 2 TL Backpulver

Für Belag und Verzierung:
7 Blatt weiße Gelatine | 1½ Pck. Vanillepuddingpulver | 75 g Zucker | 750 ml Milch | 500 g Sahne | 375 ml Eierlikör

Zum Fertigstellen:
100 g Sahne | 12–16 Sauerkirschen | 5–6 EL Eierlikör

Zubereitung:
1. Den Backofen auf 180 Grad vorheizen. Eine Springform fetten.
2. Die Sauerkirschen in einem Sieb auftauen beziehungsweise abtropfen lassen. 12 bis 16 Kirschen für die Verzierung beiseitelegen.
3. Die Butter in einer Schüssel schaumig rühren. Nacheinander unter Rühren den Zucker und das Salz einrieseln lassen sowie die Eier dazugeben.
4. Das Mehl mit dem Backpulver mischen, sieben und unter die Buttermasse rühren.
5. Die Teigmasse in die Backform geben und die Sauerkirschen auf dem Teig verteilen. Auf der mittleren Schiene 25 bis 30 Minuten backen, anschließend 10 Minuten in der Back form ruhen lassen. Dann den Springformrand vorsichtig ablösen und das Gebäck auf dem Formboden abkühlen lassen.

6. Die Gelatine in etwas kaltem Wasser 5 Minuten quellen lassen.
7. Das Vanillepuddingpulver und den Zucker mischen und in etwas kalter Milch auflösen. Die restliche Milch in einem Topf zum Kochen bringen. Unter Rühren das aufgelöste Puddingpulver zur Milch geben, 2 bis 3 Minuten kochen lassen und vom Herd nehmen.
8. Die Gelatine aus dem Wasser nehmen, etwas ausdrücken und unter den Pudding rühren. Den Pudding unter gelegentlichem Rühren abkühlen lassen.
9. Die Grundtorte auf eine Platte stürzen, den Formboden ablösen und die Torte mit einem Tortenring fest umschließen.
10. Die Sahne steif schlagen.
11. Beginnt der Pudding fest zu werden, den Eierlikör unterrühren und die Sahne unterheben.
12. Die Puddingcreme auf der Torte verteilen und glätten. Abgedeckt 4 bis 6 Stunden kalt stellen.
13. Zum Fertigstellen der Torte den Tortenring vorsichtig ablösen. Die Sahne steif schlagen und in einen Spritzbeutel geben. Die Torte mit Sahnerosetten und Kirschen garnieren.
14. Den Eierlikör in einen Gefrierbeutel mit knapp abgeschnittener Ecke geben und die Torte mit zickzack- oder spiralförmigen Likörlinien verzieren.

Pro Stück: 6 g Eiweiß, 33 g Kohlenhydrate, 21 g Fett, 370 Kilokalorien

Eierlikör-Quark-Torte

Zutaten: (für 1 Springform, Durchmesser 28 Zentimeter, ergibt 16 Stücke)
1 fertiger Biskuitboden (28 Zentimeter Durchmesser) | 6 Blatt weiße Gelatine | Mark von 1 Vanilleschote | 250 g Quark (20 % Fett) | 100 ml selbst gemachter Eierlikör (s. Rezept auf S. 126) | Saft von ½ Zitrone | 500 g Sahne | 4 EL Zucker | 2 Eiweiß

Zubereitung:
1. Den Biskuitboden auf eine Platte legen und mit einem Tortenring fest umschließen.
2. Die Gelatine blattweise in etwas kaltes Wasser legen und etwa 5 Minuten quellen lassen.
3. Das Vanillemark, den Quark, den Eierlikör und den Zitronensaft zu einer Creme verrühren.
4. Die Sahne mit 2 Esslöffeln Zucker steif schlagen. Das Eiweiß ebenfalls mit 2 Esslöffeln Zucker steif schlagen.
5. Die Gelatine aus dem Wasser nehmen, etwas ausdrücken und in einem Topf erhitzen, bis sie sich verflüssigt. 2 bis 3 Esslöffel der Quarkmischung dazugeben und verrühren. Nun die Gelatinemasse zur Quarkcreme geben und unterrühren.
6. Die Sahne und das Eiweiß unter die Quarkmasse heben und gleichmäßig auf dem Biskuitboden verteilen. Die Füllung glätten und die Torte abgedeckt mindestens 3 bis 4 Stunden oder über Nacht kühl stellen.

Pro Stück: 5 g Eiweiß, 21 g Kohlenhydrate, 11 g Fett, 210 Kilokalorien

Sauerkirsch-Baiser-Torte

Zutaten: (für 1 Springform, Durchmesser 28 Zentimeter, ergibt 16 Stücke)

Für den Rührteig:
125 g weiche Butter | 125 g Zucker | 1 Pck. Vanillezucker | 5 Eigelb | 150 g Mehl | ½ TL Backpulver

Für die Baiserschicht:
5 Eiweiß | 200 g Zucker | 40 g gem. Mandeln

Für die Füllung:
700 g Sauerkirschen | 2 Pck. Tortengusspulver klar | 60 g Puderzucker | 250 ml Sauerkirschsaft | 250 g Sahne | 2 Pck. Vanillezucker | 1 Pck. Sahnesteif | 250 g Mascarpone

Tipp

Diese Torte schmeckt ebenso gut mit Rhabarber, Stachelbeeren oder roten Johannisbeeren.

Zubereitung:

1. Den Backofen auf 180 Grad vorheizen. Zwei Springformen (oder eine Springform und ein Backblech mit Tortenring) mit Backpapier auslegen oder fetten.
2. Für den ersten Teig die Butter schaumig rühren. Unter Rühren den Zucker und Vanillezucker einrieseln lassen sowie das Eigelb dazugeben. Das Mehl mit dem Backpulver mischen, über die Buttermasse sieben und unterrühren. Den Teig teilen und je eine Hälfte auf die Böden der Springformen streichen.
3. Für den zweiten Teig, die Baiserschicht, das Eiweiß steif schlagen. Weiterrühren und den Zucker löffelweise dazugeben. Rühren, bis die Masse steif ist. Die Masse auf den beiden Teigböden verteilen und mit gemahlenen Mandeln bestreuen. Auf der mittleren Schiene nacheinander 25 bis 30 Minuten backen. Abkühlen lassen.
4. Die Sauerkirschen waschen, die Stiele und Kerne entfernen. Das Tortengusspulver mit dem Puderzucker vermischen und in etwas Sauerkirschsaft auflösen. Den restlichen Saft mit den Sauerkirschen in einem Topf zum Kochen bringen, das aufgelöste Pulver unter Rühren langsam dazugießen und nochmals aufkochen lassen, vom Herd nehmen und etwas abkühlen lassen.
5. Die Gebäckplatten vorsichtig aus den Backformen lösen. Die erste Gebäcklage auf eine Platte legen und mit einem Tortenring fest umschließen. Beginnt die Fruchtmasse fest zu werden, diese auf die erste Gebäcklage geben, gleichmäßig verteilen und ebnen.

6. Die Sahne mit dem Vanillezucker und dem Sahnesteif schlagen und unter den Mascarpone heben. Die Masse auf den Sauerkirschen verteilen und glatt streichen.
7. Den zweiten Boden in 14 bis 16 Stücke einteilen und vorschneiden. Die ganze Platte oder die einzelnen Plattenstücke vorsichtig auf die Sahneschicht legen. Die Torte abgedeckt 4 bis 5 Stunden oder über Nacht kühl stellen. Den Ring vorsichtig lösen und abnehmen.

Pro Stück: 5 g Eiweiß, 41 g Kohlenhydrate, 22 g Fett, 390 Kilokalorien

Schokosahne-Rolle

Zutaten: (ergibt 12 Stücke)

Für den Teig:
4 Eier | 100 g Rohrohrzucker | 60 g Mehl | 60 g Speisestärke | 1 TL Backpulver

Für die Füllung:
400 g Sahne | 3 TL Kakao | 1 EL Zucker | 2 Pck. Vanillezucker | 1 Pck. Sahnesteif | 250 g Himbeeren

Für die Verzierung:
150 g Sahne | 4–5 EL Schokostreusel oder -splitter | 10–12 ausgewählte Himbeeren | 10–12 Schoko-Ornamente | 10–12 Zitronenmelissespitzen

Zubereitung:
1. Den Backofen auf 220 bis 240 Grad vorheizen.
2. Die Eier in eine mittelgroße Schüssel aufschlagen und 3 bis 5 Minuten schaumig rühren. Den Zucker einrieseln lassen und weitere 3 bis 5 Minuten rühren.
3. Das Mehl, die Speisestärke und das Backpulver vermischen, zur Eimasse sieben und unterheben.
4. Die Biskuitmasse auf einem mit Backpapier ausgelegten Backblech gleichmäßig verteilen und auf der mittleren Schiene 8 bis 10 Minuten backen.
5. Die fertig gebackene Biskuitplatte mit dem Backpapier vom Blech nehmen, etwas abkühlen lassen und vorläufig aufrollen.
6. Für die Füllung die Sahne kurz schlagen, den Kakao dazusieben, weiterrühren. Nacheinander Zucker, Vanillezucker und Sahnesteif dazugeben und die Sahne ganz steif schlagen.

→ Schokosahne-Rolle

7. Die Himbeeren in einem Sieb vorsichtig mit Wasser abbrausen und abtropfen lassen. 10 bis 12 schöne Himbeeren für die Verzierung beiseitelegen.
8. Die Biskuitplatte ausrollen, die restlichen Himbeeren und die Schokosahne auf ihr verteilen. Den Boden nach und nach aufrollen, dabei das Papier immer wieder ein Stück weit abziehen.
9. Für die Verzierung die Sahne steif schlagen. Mithilfe eines Messers die Rolle mit einem Teil der Sahne überziehen.
10. Aus der restlichen Sahne mit dem Spritzbeutel Rosetten aufspritzen. Mit Schokostreuseln, Himbeeren, Schoko-Ornamenten und Zitronenmelisse verzieren.

Pro Stück: 6 g Eiweiß, 26 g Kohlenhydrate, 19 g Fett, 300 Kilokalorien

Kirsch-Käsekuchen

Zutaten: (für 1 Springform, Durchmesser 28 Zentimeter, ergibt 16 Stücke)

Für den Mürbeteig:
250 g Mehl | 125 g kalte Butter | 65 g Zucker | 1 Pr. Salz | 1 Ei

Für die Füllung:
250 g Kirschen aus dem Glas | 4 Eier | 125 g Butter | 75 g Zucker | 4 EL Milch | 500 g Quark | 500 g Mascarpone | 2 EL Zitronensaft | 4 EL Grieß

Zubereitung:

1. Das Mehl in eine Schüssel oder auf eine Unterlage sieben und in die Mitte eine Mulde drücken. Die Butter in Flöckchen, den Zucker und das Salz auf dem Mehlrand verteilen. Das Ei aufschlagen und in die Mulde geben. Alles zügig zu einem Mürbeteig kneten, in Folie wickeln und etwa 1 Stunde kühl lagern.
2. Den Backofen auf 180 Grad vorheizen. Die Springform fetten.
3. Für die Füllung die Kirschen in einem Sieb abtropfen lassen.
4. Die Eier trennen. Das Eiweiß zu festem Schaum schlagen.
5. Die Butter und den Zucker in einer Schüssel schaumig rühren. Weiterrühren und das Eigelb in kleinen Mengen dazugeben.
6. Die Milch, den Quark, den Mascarpone, den Zitronensaft und den Grieß in einer weiteren Schüssel verrühren, zur Buttermasse geben und unterrühren. Den Eischnee dazugeben und unterheben.
7. Den Teig auf einer leicht bemehlten Unterlage ausrollen und in die Backform legen. Die Kirschen gleichmäßig in der Backform verteilen und mit der Käsemasse übergießen. Auf der mittleren Schiene 50 bis 55 Minuten backen.

Pro Stück: 9 g Eiweiß, 28 g Kohlenhydrate, 31 g Fett, 430 Kilokalorien

Kirsch-Käsekuchen

Apfel-Walnuss-Torte

Zutaten: (für 1 Springform, Durchmesser 28 Zentimeter, ergibt 16 Stücke)

Für den Mürbeteig:
250 g Mehl | 125 g Butter | 60 g Zucker | 1 Msp. Salz | 1 Ei

Für die Fruchtfüllung:
120 g Rosinen | 3 EL Jamaica-Rum | 150 g Marzipan | 400 ml Weißwein | 140 g Rohrzucker | 2 Zimtstangen | 2 Gewürznelken | je 1 Schalenstück von 1 unbeh. Orange und Zitrone | 1 kg säuerliche Äpfel (z. B. Cox Orange oder Boskop)

Für die Cremefüllung:
2 Pck. Vanillepuddingpulver | 80 g Rohrzucker | 500 g Sahne | 3 Eigelb | 500 ml Milch | 2 Eiweiß

Für die Fertigstellung:
120 g gem. Walnüsse | 180 g Mehl | 80 g Rohrzucker | 1 Pck. Vanillezucker | 200 g Butter | evtl. etwas Puderzucker

Zubereitung:

1. Das Mehl in eine Schüssel oder auf eine Unterlage sieben und in die Mitte eine Mulde drücken. Die Butter in Flöckchen, den Zucker und das Salz auf dem Mehl verteilen. Das Ei in die Mulde geben und alles zügig zu einem Mürbeteig kneten, in Folie wickeln und etwa 1 Stunde kühl lagern.
2. Die Rosinen in eine Schale geben, mit dem Rum übergießen und 30 Minuten einziehen lassen.
3. Die Rumrosinen mit dem Marzipan vermengen.
4. Den Wein, den Zucker, die Gewürze, die Orangen- und Zitronenschalenstücke in einem Topf zum Kochen bringen. Die Äpfel waschen, schälen und das Kernhaus ausstechen. Die Äpfel im Sud 10 Minuten bei mittlerer Temperatur köcheln lassen, ab und zu wenden. Aus dem Sud nehmen und in einem Sieb abtropfen lassen.
5. Den Backofen auf 180 Grad vorheizen. Eine Springform fetten.
6. Den Teig auf einer bemehlten Unterlage rund ausrollen und in die Backform legen. Überstehenden Rand abschneiden.
7. Die Äpfel mit der Rosinen-Marzipan-Masse füllen und in die Backform setzen.
8. Für die Creme das Puddingpulver mit 2 Esslöffeln Zucker, etwas Sahne und dem Eigelb glatt rühren. Den restlichen Zucker, die übrige Sahne und die Milch in einem Topf zum Kochen bringen. Das aufgelöste Puddingpulver unter Rühren zur Flüssigkeit gießen, 2 bis 3 Minuten kochen lassen und vom Herd nehmen.

9. Das Eiweiß steif schlagen, zum Pudding geben und unterheben. Die Puddingcreme über die Äpfel in die Backform gießen. Auf der mittleren Schiene 10 bis 12 Minuten vorbacken.
10. Die gemahlenen Walnüsse, das Mehl, den Zucker und den Vanillezucker vermischen, mit der Butter zu einer Streuselmasse kneten, die Backform aus dem Backofen nehmen und die Torte mit Streuseln bestreuen. Weitere 45 bis 50 Minuten fertig backen.
11. Nach Wunsch mit Puderzucker verzieren.

Pro Stück: 9 g Eiweiß, 3 g Kohlenhydrate, 38 g Fett, 650 Kilokalorien

Apfel-Ananas-Torte

Zutaten: (für 1 Springform, Durchmesser 28 Zentimeter, ergibt 16 Stücke)

Für den Boden:
100 g Löffelbiskuits | 6 Eier | 120 g Zucker | 1 Pr. Salz | 100 g Mehl | ½ TL Backpulver | 50 g Kokosraspeln

Für die Frucht- und Cremefüllung:
1 reife Ananas | 2 säuerliche Äpfel | 100 g Zucker | ½ TL gem. Sternanis | ½ TL gem. Kardamomsamen | 1 Msp. gem. Ingwer | 3 Eier | 1 Vanilleschote | 180 g Zucker | 45 g Speisestärke | 500 ml Milch

Zum Tränken:
50 ml Kokoslikör | 50 g Zucker | 2 EL Arrak oder Rum | 2 EL Limettensaft

Für die Verzierung:
7–10 Kokoskonfektkugeln | ½–1 Apfel | etwas Zitronensaft | 100 g Sahne | 50 g Kokosraspeln

Zubereitung:
1. Den Backofen auf 180 Grad vorheizen. Den Boden einer Springform fetten.
2. Die Löffelbiskuits in einen Gefrierbeutel geben und mit dem Nudelholz zerkleinern.
3. Die Eier in einer Schüssel aufschlagen und mit dem Handrührgerät 3 bis 5 Minuten schaumig rühren. Weiterrühren, den Zucker und das Salz einrieseln lassen und nochmals 3 bis 5 Minuten zu einer feinen Schaummasse rühren.

Apfel-Ananas-Torte

Tipp

Mit dem Fruchtfleisch einer frischen Kokosnuss schmecken die Raspel noch aromatischer.

4. Das Mehl und das Backpulver sieben, mit den Biskuitbröseln und den Kokosraspeln mischen, zur Eischaummasse geben und zügig unterheben. Die Teigmasse in die Backform geben und ebnen. Auf der mittleren Schiene 35 bis 45 Minuten backen.
5. Die fertig gebackene Biskuitlage in der Backform abkühlen lassen. Das Biskuit vorsichtig aus der Backform schneiden und zweimal quer durchschneiden. Eine Biskuitlage auf eine Platte legen und mit einem Tortenring fest umschließen.
6. Die Ananas schälen. Das Fruchtfleisch säubern, vierteln und den harten Strunk abschneiden. Das Fruchtfleisch in kleine Würfel schneiden und in einen Topf geben.
7. Die Äpfel schälen, das Kerngehäuse entfernen und das Fruchtfleisch ebenfalls würfeln. Mit dem Zucker und den Gewürzen zur Ananas in den Topf geben, aufkochen lassen und bei mittlerer Hitze 5 Minuten köcheln lassen.
8. Die Fruchtmasse in einem Sieb abtropfen lassen, den Sud dabei auffangen. 200 Milliliter des Suds abmessen und bereitstellen. Die Fruchtmasse gleichmäßig auf den Biskuitboden geben.
9. Eine Biskuitlage in Würfel schneiden und in eine Schale geben.
10. Den Likör und den Zucker in einem Topf unter Rühren bis kurz vor den Siedepunkt erhitzen und rühren, bis sich der Zucker aufgelöst hat. Den Topf vom Herd nehmen, den Arrak, den Limettensaft und den Fruchtsud unter den Likörsirup rühren. Die Biskuitwürfel mit dem Sirup übergießen und 30 Minuten ruhen lassen.
11. Die Eier trennen. Die Vanilleschote mit einem spitzen Messer der Länge nach aufschneiden und das Mark herauskratzen.
12. Das Eiweiß mit dem Handrührgerät steif schlagen, 5 bis 6 Esslöffel Zucker dabei einrieseln lassen. 2 bis 3 Esslöffel Zucker mit der Speisestärke, dem Eigelb und 2 Esslöffeln Milch verrühren.
13. Die restliche Milch mit dem übrigen Zucker, der Vanilleschote und dem -mark in einem Topf unter Rühren zum Kochen bringen. Die Vanilleschote aus der Milch nehmen. Die aufgelöste Speisestärke unter Rühren zur heißen Milch geben und noch einmal aufkochen lassen, vom Herd nehmen und den Eischnee unterrühren.
14. Drei Viertel der Vanillecreme zu den Biskuitwürfeln geben, vermengen und gleichmäßig auf der Fruchtlage verteilen. Die letzte Biskuitplatte auflegen und mit der restlichen Vanillecreme bestreichen. Abgedeckt 2 bis 3 Stunden kalt stellen.
15. Zum Fertigstellen der Torte den Tortenring vorsichtig abnehmen. Die Kokoskonfektkugeln halbieren. Den Apfel waschen, vierteln, das Kernhaus entfernen und 14 bis 16 halbe

Spalten aus dem Apfel schneiden. Die Apfelspalten sofort mit etwas Zitronensaft bestreichen. Die Sahne steif schlagen und in einen Spritzbeutel geben. Die Torte in 14 bis 16 Stücke teilen, Sahnerosetten aufspritzen und mit den Kokoskonfekthalbkugeln und Apfelstückchen verzieren. Mit Kokosraspeln bestreuen.

Pro Stück: 8 g Eiweiß, 52 g Kohlenhydrate, 14 g Fett, 380 Kilokalorien

Käse-Orangen-Torte

Zutaten: (für 1 Springform, Durchmesser 28 Zentimeter, ergibt 16 Stücke)

Für den Boden:
300 g TK-Blätterteig

Für die Creme:
7 Blatt weiße Gelatine | 3 Eigelb | 100 g Rohrzucker | 1 Msp. Salz | Schale und 125 ml frisch gepresster Saft von 1–2 unbeh. Orangen | 40 g brauner Würfelzucker | 125 ml Milch | 400 g Schichtkäse oder magerer Quark | 500 g Sahne

Für Guss und Verzierung:
2–3 EL frisch gepresster Orangensaft | 80 g Puderzucker | 14–16 Stücke von unbeh. Orangen | 14–16 Zitronenmelissespitzen

Zubereitung:
1. Den Blätterteig auftauen lassen.
2. Zwei Backbleche mit Backpapier auslegen.
3. Den Blätterteig zweimal einschlagen, den Teig halbieren und die zwei Teigstücke jeweils auf einer leicht bemehlten Unterlage zu Platten von etwa 26 bis 28 Zentimetern Durchmesser ausrollen. Die Teigplatten auf die Backbleche legen, mit einer Gabel mehrmals einstechen und 30 Minuten ruhen lassen.
4. Den Backofen auf 220 Grad vorheizen.
5. Die Bodenlagen nacheinander auf der mittleren Schiene 10 bis 12 Minuten backen. Eine Bodenlage auf eine Tortenplatte legen und mit einem Tortenring fest umschließen.
6. Die Gelatine in kaltem Wasser etwa 5 Minuten quellen lassen.
7. Das Eigelb, den Zucker und das Salz verrühren und in einen Topf geben.

Käse-Orangen-Torte

8. Die Orangen heiß abbrausen, trocken tupfen und die äußere Schale fein abreiben, den Saft auspressen und abmessen. Etwas Saft für die Glasur beiseitestellen. Den Würfelzucker, den restlichen Orangensaft und die Milch in den Topf geben und mit dem Schneebesen gründlich verrühren, unter Rühren erhitzen und vom Herd nehmen, bevor die Masse zu kochen beginnt.
9. Die Gelatine aus dem Wasser nehmen, etwas ausdrücken und unter die heiße Masse rühren. Die Masse etwas abkühlen lassen.
10. Den Schichtkäse in eine Schüssel geben und kurz rühren. Die leicht abgekühlte Masse unter langsamem Rühren zum Schichtkäse geben und glatt rühren, bevor sie fest wird.
11. Die Sahne steif schlagen.
12. Beginnt die Schichtkäsemasse fest zu werden, die Sahne unterheben. Die Creme auf den Boden in den Tortenring geben, glätten und abgedeckt 4 bis 6 Stunden kalt stellen.
13. Zum Fertigstellen den beiseitegestellten Orangensaft und den Puderzucker zu einer Glasur verrühren, die zweite Bodenlage gleichmäßig mit der Glasur bestreichen, in 14 bis 16 Stücke teilen und vorschneiden. Diese Decklage auf die Torte setzen. Den Tortenring vorsichtig ablösen.
14. Die Zwischenhäute und Kerne der Orangenstücke mit einem spitzen Messer sorgfältig entfernen und die Torte mit den filetierten Orangenstücken und der Zitronenmelisse verzieren.

Pro Stück: 7 g Eiweiß, 24 g Kohlenhydrate, 15 g Fett, 260 Kilokalorien

Kü bistorte

Kürbistorte

Zutaten: (für 1 Springform, Durchmesser 28 Zentimeter, ergibt 16 Stücke)

Für den Boden:

150 g Mehl | 100 g Butter | 1 Ei | 50 g Zucker | 1 Msp. Salz

Für den Teig:

ca. 250 g Kürbisfleisch (z. B. Muskatkürbis oder Hokkaido) | 5 Eigelb | 1 Msp. Salz | 50 g Zucker | 1 TL Zimtpulver | abger. Schale von 1 unbeh. Zitrone | abger. Schale von 1 unbeh Orange | 100 g Orangeat | 50 g Mehl | 250 g gem. Mandeln | 6 Eiweiß | 120 g Zucker

Zum Tränken und Fertigstellen:

120 g Orangenmarmelade | 80 g Mandelblättchen | Saft von ½ Zitrone | Saft von 1 Orange | 2–3 EL Zucker | 2 EL Orangenlikör (oder je 1 EL Orangensaft, Tequila und Zucker) | 1 EL Puderzucker

→

Zubereitung:

1. Für den Boden das Mehl in eine Schüssel oder auf eine Unterlage sieben. Die Butter in Flöckchen, das Ei den Zucker und das Salz auf dem Mehl verteilen. Alles zügig zu einem Mürbeteig kneten, in Folie wickeln und etwa 1 Stunde kühl lagern.
2. Den Backofen auf 180 Grad vorheizen. Den Boden einer Springform fetten.
3. Den Teig auf einer leicht bemehlten Unterlage in Größe der Backform ausrollen und in die Backform legen. Mit einer Gabel mehrmals einstechen, auf der mittleren Schiene circa 10 Minuten backen. Den Teig noch einige Minuten auf dem Formboden ruhen lassen, herunternehmen und auf einem Kuchengitter abkühlen lassen.
4. Den Kürbis waschen, in dicke Scheiben schneiden und in einem Topf mit reichlich Wasser weich kochen. Die Kürbisscheiben schälen, von den Kernen und Fasern befreien und in kleine Würfel schneiden. Sie benötigen etwa 250 Gramm Fruchtfleisch.
5. Die Springform fetten. Den Backofen auf 200 Grad vorheizen.
6. Das Eigelb mit dem Salz, dem Zucker und dem Zimtpulver schaumig rühren, die Zitronen- und Orangenschale kurz unterrühren.
7. Das Orangeat mit einem Messer klein hacken. Das Mehl sieben und mit den gemahlenen Mandeln und dem Orangeat vermischen.
8. Das Eiweiß in einer weiteren Schüssel steif schlagen, den Zucker beim Rühren einrieseln lassen. Nacheinander den Eischnee, das Kürbisfruchtfleisch und die Mehlmischung zur Eigelbmasse geben und unterheben. Die Teigmasse in der Backform verteilen, glätten und auf der mittleren Schiene 25 bis 30 Minuten backen. Die Kürbislage noch 15 Minuten in der Form ruhen lassen, vorsichtig herauslösen und auf einem Kuchengitter abkühlen lassen.
9. Die Marmelade in einem Topf bei geringer Temperatur erhitzen. Den Mürbeteigboden mit etwas Marmelade bestreichen, auf eine Platte legen und die fertig gebackene Kürbislage aufsetzen. Die restliche Marmelade zum Fertigstellen der Torte beiseitestellen.
10. Die Mandelblättchen in einer Pfanne ohne Fett bei mittlerer Hitze hellbraun anrösten und sofort vom Herd nehmen.
11. Den Zitronen- und Orangensaft mit dem Zucker in einem Topf aufkochen lassen und rühren, bis sich der Zucker aufgelöst hat. Den Topf vom Herd nehmen. Den Likör dazugeben, unterrühren und die Torte mit diesem Sirup bestreichen. Die Torte mit der restlichen Marmelade, gegebenenfalls nochmals erwärmt, bestreichen und mit den Mandelblättchen bestreuen.
12. Den Puderzucker in ein Haarsieb geben und die Torte mit einem Hauch „Puderzuckerschnee" überziehen.

Pro Stück: 8 g Eiweiß, 39 g Kohlenhydrate, 18 g Fett, 360 Kilokalorien

Pflaumen-Haselnuss-Torte

Zutaten: (für 1 Springform, Durchmesser 28 Zentimeter, ergibt 16 Stücke)

Für den Rührteig:
5 Eier | 75 g Zartbitterschokolade | 80 g weiche Butter | 80 g Zucker | 2 EL Rum | 200 g gem. Haselnüsse | 1 TL Backpulver

Für die Cremefüllung:
300 g Pflaumen (frisch oder TK) | 75 ml Pflaumensaft | 6 Blatt weiße Gelatine | 250 g Magerquark | 2 EL Zucker | 2 EL Rum | 2 EL Wasser | 200 g Sahne | 1 Pck. Vanillezucker

Für die Verzierung:
1 EL Fruchtgelee (z. B. Rote Johannisbeere) | 250 g Sahne | 1 Pck. Vanillezucker | 1 Pck. Sahnesteif | 50 g Haselnusskrokant | 2–3 Meringen | 14–16 ganze Haselnüsse | 4 Pflaumen | 14–16 Kräuterspitzen (z. B. Melisse oder Minze)

Zubereitung:

1. Den Backofen auf 180 Grad vorheizen. Eine Springform fetten.
2. Die Eier trennen. Die Schokolade fein raspeln.
3. Die Butter mit dem Zucker schaumig rühren. Nach und nach das Eigelb, die Schokolade und den Rum unterrühren.
4. Die gemahlenen Nüsse und das Backpulver mischen und ebenfalls unter die Teigmasse rühren.
5. Das Eiweiß steif schlagen und unterheben. Den Teig in die Springform geben, ebnen und auf der mittleren Schiene 35 bis 40 Minuten backen. Anschließend 15 Minuten in der Backform ruhen lassen, dann vorsichtig herauslösen und auf einem Kuchengitter abkühlen lassen.
6. Die Gebäckplatte quer durchschneiden. Eine Gebäcklage auf eine Platte legen und mit einem Tortenring fest umschließen.
7. Die Pflaumen auftauen beziehungsweise entsteinen und halbieren. 4 bis 5 Pflaumen für die Verzierung beiseitelegen.
8. Die Pflaumen mit dem Pflaumensaft in einem Topf bei mittlerer Hitze 2 bis 5 Minuten dünsten, dann aus dem Sud nehmen und abtropfen lassen. Den Sud für die Verzierung bereitstellen.
9. Die Gelatine in etwas kaltem Wasser 5 Minuten quellen lassen.
10. Den Quark mit dem Zucker und dem Rum in einer Schüssel kurz verrühren.
11. Die Gelatine aus dem Wasser nehmen, etwas ausdrücken, mit 2 Esslöffeln Wasser bei geringer Hitze auflösen und vom Herd nehmen. 2 bis 3 Esslöffel Quarkmasse mit der flüssi-

→ Pflaumen-Haselnuss-Torte

gen Gelatine verrühren, dann die aufgelöste Gelatine unter Rühren zur Quarkmasse geben. Die Masse abdecken und kühl stellen.

12. Die Sahne mit dem Vanillezucker steif schlagen. Beginnt die Quarkmasse fest zu werden, die Sahne dazugeben und unterheben.
13. Ein Drittel dieser Creme auf den Tortenboden streichen, die Pflaumen auf der Creme verteilen und die restliche Creme auftragen.
14. Die zweite Gebäcklage auflegen, die Torte abdecken und mindestens 4 bis 6 Stunden kalt stellen.
15. Zum Fertigstellen den Pflaumensud und das Fruchtgelee unter Rühren kurz erhitzen. Das Sudgelee auf der Torte verteilen und ganz abkühlen lassen.
16. Den Tortenrand vorsichtig ablösen.
17. Die Sahne mit dem Vanillezucker und dem Sahnesteif schlagen. Die Torte dünn mit Sahne überziehen und in 14 bis 16 Stücke einteilen. Die restliche Sahne in einen Spritzbeutel mit Stern- oder Lochtülle geben und Rosetten aufspritzen.
18. Den Tortenrand mit Haselnusskrokant bestreuen. Die Meringen in Stücke brechen und auf der Torte verteilen. Die Sahnerosetten mit ganzen Haselnüssen, Pflaumenvierteln und Kräuterspitzen verzieren.

Pro Stück: 8 g Eiweiß, 23 g Kohlenhydrate, 26 g Fett, 370 Kilokalorien

Preiselbeer-Eierlikör-Torte

Zutaten: (für 1 Springform, Durchmesser 24 Zentimeter, ergibt 12 Stücke)

Für den Rührteig:
100 g weiche Butter | 100 g Zucker | 3 Eier | 60 g Schokostreusel oder Kakaogetränkepulver | 125 g gem. Haselnüsse oder Mandeln | 1 TL Backpulver

Für Belag und Verzierung:
150 g Preiselbeerkompott | 250 g Sahne | 1 EL Zucker | 1 Pck. Sahnesteif | 50 ml Eierlikör | 12–14 Eierlikörpralinen

Zubereitung:

1. Den Backofen auf 180 Grad vorheizen. Eine Springform fetten.
2. Die Butter in einer Schüssel schaumig rühren. Weiterrühren und löffelweise den Zucker und nacheinander die Eier und die Schokostreusel dazugeben.
3. Die gemahlenen Nüsse und das Backpulver mischen und unter die Teigmasse rühren. Die Teigmasse in die Backform geben und ebnen. Auf der mittleren Schiene 25 bis 30 Minuten backen.
4. Den fertigen Teig 10 Minuten in der Form ruhen lassen, den Springformrand vorsichtig ablösen, das Gebäck auf ein Kuchengitter stürzen und abkühlen lassen.
5. Den Formboden ablösen, die Gebäcklage auf eine Platte legen und mit einem Tortenring fest umschließen.
6. Das Preiselbeerkompott in einem Topf kurz erhitzen und auf die Gebäcklage streichen.
7. Die Sahne mit dem Zucker und dem Sahnesteif schlagen. 2 bis 3 Esslöffel Sahne in einen Spritzbeutel mit Sterntülle geben. Die restliche Sahne auf der Preiselbeerlage verteilen und glätten. Den Eierlikör mit einem Löffel über die Sahne träufeln. Die Torte abdecken und 1 bis 2 Stunden kalt stellen.
8. Vor dem Servieren 12 bis 14 Sahnerosetten auf die Torte spritzen und mit den Pralinen verzieren. Den Tortenring vorsichtig lösen und abnehmen.

Pro Stück: 4 g Eiweiß, 26 g Kohlenhydrate, 24 g Fett, 340 Kilokalorien

Preiselbeer-Eierlikör-Torte

Maronitorte

Zutaten: (für 1 Springform, Durchmesser 28 Zentimeter, ergibt 16 Stücke)

Für den Biskuitboden:
125 g Halbbitterkuvertüre | 125 g Butter | 1 Apfel (gerieben, ca. 150 g) | 5 Eier | 175 g Zucker | 1 Pck. Vanillezucker | 2 EL Kirschwasser | 125 g Mehl | 125 g Speisestärke | 1 TL Backpulver

Für die Cremefüllung:
100 g Sahne | 440 g Maronipüree aus der Dose | 1 EL Zitronensaft | 70 g Puderzucker

Für Belag und Verzierung:
150 g Puderzucker | 250 g Marzipanrohmasse | 150 g Aprikosenmarmelade | 200 g Zartbitter-schokolade oder -kuvertüre

Zubereitung:

1. Den Backofen auf 180 Grad vorheizen. Den Boden einer Springform fetten.
2. Die Kuvertüre raspeln. Die Butter in einem Topf bei mittlerer Hitze zerlassen und vom Herd nehmen. Den Apfel waschen, schälen und das Fruchtfleisch fein abreiben. Die Eier trennen.
3. Das Eiweiß steif schlagen. Das Eigelb 3 bis 5 Minuten schaumig rühren. Weiterrühren, den Zucker und Vanillezucker einrieseln lassen und nochmals 3 bis 5 Minuten zu einer feinen Schaummasse rühren. Das Kirschwasser und den geriebenen Apfel löffelweise unter die Schaummasse rühren. Die Kuvertüre und die flüssige Butter unter Rühren zur Eigelbmasse geben.
4. Das Mehl, die Speisestärke und das Backpulver sieben und unter die Eigelbmasse heben. Den Eischnee ebenfalls unterheben. Die Teigmasse in die Backform geben und ebnen. Auf der mittleren Schiene 35 bis 40 Minuten backen.
5. Das fertig gebackene Biskuit in der Form abkühlen lassen, anschließend vorsichtig aus der Form lösen und zweimal quer durchschneiden.
6. Eine Gebäcklage auf eine Platte legen und mit einem Tortenring fest umschließen. Die Sahne steif schlagen. Das Maronipüree mit dem Zitronensaft in einer Schüssel glatt rühren und die Sahne unterheben. Den Puderzucker zur Masse sieben und unterrühren. Die Hälfte der Maronimasse auf dem Tortenboden verteilen, die zweite Gebäckplatte auflegen und die andere Hälfte der Maronimasse aufstreichen. Abgedeckt 1 Stunde kühl stellen.
7. Zum Fertigstellen den Tortenring vorsichtig ablösen. Den Puderzucker in eine Schüssel sieben und mit dem Marzipan verkneten. Das Marzipan zwischen zwei Lagen Frischhaltefolie oder auf einer mit Puderzucker fein besiebten Unterlage dünn ausrollen und

abdecken. Die Marmelade in einem Topf erwärmen und die Torte auch am Rand damit bestreichen. Die Marzipanlage über die Torte legen, die Falten am Tortenrand mit einem Smoother glätten. Überstehendes Marzipan am unteren Tortenrand abschneiden.

8. Das abgeschnittene Marzipan kneten, erneut dünn ausrollen und mit kleinen Stern- oder Blattausstechern Formen ausstechen.
9. Die Schokolade oder Kuvertüre raspeln und im Wasserbad bei etwa 40 Grad schmelzen. Die Torte mit der Kuvertüre bestreichen, in 14 bis 16 Stücke teilen und mit den Marzipansternchen oder -blättchen garnieren.

Pro Stück: 7 g Eiweiß, 7 g Kohlenhydrate, 23 g Fett, 520 Kilokalorien

Orientalischer Rührkuchen

Orientalischer Rührkuchen

Zutaten: (für 1 Kastenkuchen, ergibt 16 Stücke)

200 g Butter | 125 g flüssiger Honig | 1 Pr. Salz | 4 Eier | 200 g geh. Haselnusskerne | 50 g Orangeat | 50 g Zitronat | 100 g gedörrte Aprikosen | ½ TL gem. Ingwer | 1 TL gem. Kardamom | 1 Msp. gem. Gewürznelke | 1 TL gem. Zimt | 1 EL Rosenwasser | 2 EL Rum | 250 g Mehl | 1½ TL Backpulver

Für den Guss:

2–3 EL Rum oder Zitronensaft | etwas Puderzucker

→ Orientalischer Rührkuchen

Zubereitung:

1. Den Backofen auf 180 Grad vorheizen. Die Kastenform fetten.
2. Die Butter in einer Schüssel schaumig rühren.
3. Den Honig und das Salz mit der Butter verrühren.
4. Die Eier einzeln aufschlagen und nacheinander unter die Buttermasse geben.
5. Die Haselnusskerne in einer Pfanne ohne Fett bei mittlerer Hitze goldgelb anrösten.
6. Das Orangeat, das Zitronat und die gedörrten Aprikosen in kleine Würfel schneiden oder hacken und mit den Haselnusskernen, den Gewürzen, dem Rosenwasser und dem Rum nacheinander mit der Buttermasse vermischen.
7. Das Mehl und das Backpulver vermengen, zur Buttermasse sieben und unterrühren.
8. Den Teig in die Backform geben und auf der mittleren Schiene 50 bis 55 Minuten backen.
9. Den Kuchen in der Form etwas abkühlen lassen, herausnehmen und auf einem Gitter vollständig erkalten lassen.
10. Aus dem Rum oder Zitronensaft und Puderzucker eine Glasur anrühren und den Kuchen damit bestreichen.

Pro Stück: 5 g Eiweiß, 31 g Kohlenhydrate, 20 g Fett, 330 Kilokalorien

Himbeer-Joghurt-Schnitten

Zutaten: (für 1 Torte, ergibt 12 Stücke)

Für den Mürbeteig:
150 g gem. Mandeln | 100 g Mehl | 60 g Rohrzucker | ½ TL Zimt | ½ Pck. Vanillezucker | 125 g Butter | 1 EL Kirschwasser

Für den Belag:
250 g Himbeeren | 200 g Joghurt-Schokolade | 4 Blatt weiße Gelatine | 2 Eier | 150 g Zucker | 250 ml Milch | 1 Pr. Salz | 200 g Sahne

Für die Fertigstellung:
1–2 EL Kakao | 200 g Sahne | Himbeeren

→

Himbeer-Joghurt-Schnitten

Zubereitung:

1. Die Mandeln, das Mehl, den Zucker, den Zimt und den Vanillezucker in einer Schüssel vermischen. Die Butter in Flöckchen und das Kirschwasser dazugeben, alles zügig zu einem Mürbeteig kneten, in Folie wickeln und etwa 1 Stunde kühl stellen.
2. Den Backofen auf 180 Grad vorheizen. Ein Backblech mit Backpapier oder einer Backfolie auslegen.
3. Den Teig direkt auf dem Backpapier beziehungsweise der -folie flach ausrollen, einen Backrahmen (circa 20 x 30 Zentimeter) auf die Teigplatte setzen und eindrücken. Auf der mittleren Schiene 25 bis 30 Minuten backen. Die Gebäckplatte in der Form abkühlen lassen, auf eine Platte setzen und das Papier beziehungsweise die Folie sowie den Backrahmen entfernen.
4. Die Himbeeren auf dem Kuchenboden verteilen. Den Backrahmen säubern und wieder um die Gebäckplatte setzen.
5. Die Schokolade klein hacken. Die Gelatine in kaltem Wasser 5 Minuten quellen lassen, herausnehmen und etwas ausdrücken.
6. Die Eier trennen. Das Eigelb mit 100 Gramm Zucker schaumig rühren, bis die Masse eine helle Farbe annimmt.
7. Die Milch in einem Topf zum Kochen bringen und unter ständigem Rühren langsam zur Eimasse gießen. Die Mischung in den Topf gießen und unter Rühren bei niedriger Temperatur so lange erhitzen, bis sie dickflüssig wird. Die Masse vom Herd nehmen. Die Gelatine unterrühren, die Schokolade dazugeben und die Masse zu einer gleichmäßigen Creme verrühren. Die Creme abdecken und kalt stellen, bis sie beginnt, fest zu werden.
8. Das Eiweiß mit dem Salz steif schlagen, den übrigen Zucker dazugeben und weiter zu einem sehr festen Schaum schlagen. Die Sahne halbsteif schlagen und nur kurz unter die noch nicht ganz fest gewordene Creme rühren. Den Eischaum vorsichtig unter die Creme heben, die Creme auf den Himbeeren verteilen und glätten. Abdecken und 4 bis 5 Stunden oder über Nacht kalt stellen.
9. Zum Fertigstellen die Torte mit Kakao bestäuben und in Schnitten teilen. Die Sahne steif schlagen und in einen Spritzbeutel geben. Die Schnitten mit Sahne und Himbeeren verzieren.

Pro Stück: 7 g Eiweiß, 40 g Kohlenhydrate, 30 g Fett, 450 Kilokalorien

Stachelbeer-Baiser-Torte

Zutaten: (für 1 Springform, Durchmesser 28 Zentimeter, ergibt 16 Stücke)

Für den Biskuitboden:
50 g Butter | 5 Eier | 120 g Zucker | 100 g Mehl | 40 g Speisestärke | 50 g gem. Haselnüsse

Für Belag und Verzierung:
2 EL Puderzucker | 200 g Marzipanrohmasse | 3–4 EL Rum | 4 EL Wasser | 100 g gehobelte Haselnüsse | 600 g Stachelbeeren | 60 g Zucker | 150 ml Wasser | 4 Eiweiß | 160 g Zucker | 1 Pck. Bourbon-Vanillezucker

Zubereitung:
1. Den Backofen auf 200 Grad vorheizen. Den Boden einer Springform fetten.
2. Die Butter in einem Topf bei geringer Hitze zerlassen und beiseitestellen.
3. Die Eier in einer Schüssel aufschlagen und mit dem Handrührgerät 3 bis 5 Minuten schaumig rühren. Weiterrühren, den Zucker einrieseln lassen und nochmals 3 bis 5 Minuten zu einer feinen Schaummasse rühren.
4. Das Mehl und die Speisestärke mischen, sieben, mit den gemahlenen Haselnüssen vermengen, zur Eischaummasse geben und zügig unterheben. Die etwas abgekühlte Butter unter die Biskuitmasse rühren. Den Teig in die Springform geben und ebnen. Auf der mittleren Schiene 25 bis 30 Minuten backen.
5. Das fertig gebackene Biskuit in der Backform abkühlen lassen, dann vorsichtig aus der Backform lösen und einmal quer durchschneiden.
6. Den Puderzucker in ein Gefäß sieben. Das Marzipan mit einer Gabel zerdrücken, mit dem Puderzucker, dem Rum und dem Wasser gründlich vermischen und auf eine der Gebäcklagen streichen. Die zweite Gebäcklage auflegen, die Torte auf eine Platte setzen und mit einem Tortenring fest umschließen.
7. Die Haselnussblättchen in einer Pfanne bei mittlerer Hitze goldbraun anrösten und für die Verzierung beiseitestellen.
8. Die Stiele und die Blütenansätze der Stachelbeeren entfernen. Die Beeren waschen und in einem Topf mit dem Zucker und dem Wasser kurz aufkochen lassen, dann bei mäßiger Hitze im geschlossenen Topf 8 bis 10 Minuten dünsten. Die Beeren in einem Sieb abtropfen lassen.
9. Den Backofen auf 240 Grad vorheizen.

Stachelbeer-Baiser-Torte

10. Das Eiweiß mit dem Zucker und dem Vanillezucker zu festem Schaum schlagen. 14 bis 16 Beeren für die Verzierung auswählen. Die restlichen Beeren auf der Torte verteilen und dick mit Eiweißschaum bestreichen. Den restlichen Eischaum in einen Spritzbeutel mit Lochtülle geben. Die Torte mit dem Schaum verzieren und auf der mittleren Schiene kurz backen, bis sich die Baisermasse leicht bräunt.
11. Die Torte aus dem Backofen nehmen, die Stachelbeeren aufsetzen und mit den Haselnussblättchen bestreuen.

Pro Stück: 7 g Eiweiß, 40 g Kohlenhydrate, 15 g Fett, 330 Kilokalorien

Windbeutelbrezeln

Zutaten: (für 8 Brezeln)

Für den Teig:
250 ml Wasser | 60 g Butter | 1 Pr. Salz | abger. Schale von ½ unbeh. Zitrone | 200 g Mehl | 3 Eier

Für die Füllung und Verzierung:
500 g Sahne | 60 g Zucker | 2 Pck. Vanillezucker | etwas Puderzucker zum Bestäuben

Zubereitung:
1. Den Backofen auf 200 Grad vorheizen. Ein Backblech fetten oder mit Backpapier auslegen.
2. Das Wasser mit der Butter, dem Salz und der Zitronenschale in einem Topf zum Kochen bringen. Das Mehl sieben, in den Topf schütten und verrühren, bis sich der Teig als feste Masse vom Topf löst. Den Topf vom Herd nehmen und etwas abkühlen lassen.
3. Die Eier einzeln und zügig unterrühren (braucht etwas Kraft), wobei das jeweils nächste Ei erst eingeschlagen werden darf, wenn sich das vorige völlig mit dem Teig verbunden hat. Der Teig muss nun goldgelb, glatt und glänzend sein.
4. Den Teig in einen Spritz- oder Dressierbeutel mit Sterntülle geben. 6 bis 8 etwa gleich große Brezeln mit etwas Zwischenraum direkt auf das Backblech spritzen. Auf der mittleren Schiene 15 bis 20 Minuten backen (den Backofen keinesfalls zu früh öffnen, um ein Zusammensinken des aufgegangenen Teiges zu vermeiden). Die Brezeln auf dem Backblech etwas abkühlen lassen und noch warm quer durchschneiden.
5. Die Sahne mit dem Zucker und dem Vanillezucker steif schlagen und mit einem Spritzbeutel auf die Gebäckunterteile spritzen. Die Oberteile auflegen und mit Puderzucker bestäuben.

Pro Stück: 6 g Eiweiß, 33 g Kohlenhydrate, 24 g Fett, 370 Kilokalorien

Birnen-Milchreis-Kuchen

Zutaten: (für 1 Springform, Durchmesser 28 Zentimeter, ergibt 16 Stücke)
500 g Birnen | 2 EL Rohrzucker | 400 ml Milch | 100 g Milchreis | 1 TL Zimt | 50 g Butter | 100 g Rohrzucker | abger. Schale von 1 Zitrone | 4 Eigelb | 50 g Speisestärke | 1 TL Backpulver | 500 g Quark | 4 Eiweiß | etwas Zimt und Rohrzucker zum Bestreuen

Zubereitung:

1. Die Birnen waschen, schälen, das Kernhaus entfernen. Das Fruchtfleisch in nicht zu kleine Würfel schneiden. 1 Esslöffel Zucker in einem Topf erhitzen, bis er sich verflüssigt. Die Birnenwürfel dazugeben und mit dem Zucker verrühren. Bei mäßiger Hitze und geschlossenem Deckel etwa 5 Minuten andünsten.
2. In einem weiteren Topf die Milch mit 1 Esslöffel Zucker zum Kochen bringen. Den Milchreis dazugeben, unter Rühren nochmals aufkochen lassen. Bei geschlossenem Deckel und geringer Hitze 20 bis 25 Minuten quellen lassen, vom Herd nehmen, den Zimt dazugeben und unterrühren.
3. Den Backofen auf 180 Grad vorheizen. Eine Springform fetten.
4. Die Butter in einer Schüssel schaumig rühren. Weiterrühren und nacheinander den Zucker, die Zitronenschale und das Eigelb dazugeben. Nochmals gründlich rühren.
5. Die Speisestärke und das Backpulver mischen, zur Butter sieben und unterrühren. Den Quark und den Reis unter die Masse rühren.
6. Das Eiweiß steif schlagen und mit den karamellisierten Birnen unter die Teigmasse heben. Den Teig in die Springform verteilen und glätten. Auf der mittleren Schiene 60 bis 70 Minuten backen. In der Backform etwas abkühlen lassen.
7. Den Kuchen mit etwas Zimt und Zucker bestreuen, vorsichtig aus der Form lösen und auf einem Kuchengitter abkühlen lassen.

Pro Stück: 3 g Eiweiß, 21 g Kohlenhydrate, 5 g Fett, 140 Kilokalorien

Tipp

Anstelle von frischen Birnen können Sie auch Dosenfrüchte verwenden. Diese gut abtropfen lassen und nur kurz mit dem erhitzten Zucker verrühren, nicht dünsten.

Waffeln mit Kirschkompott und Sahne

Waffeln mit Kirschkompott und Sahne

Zutaten: (für 6 Portionen)

Für den Teig:
150 g Butter | 3 Eier | 150 g Zucker | 2 EL Rum | 100 g Mehl | 50 g Speisestärke | ½ TL Backpulver | etwas Puderzucker

Für das Kompott:
700 g eingemachte Kirschen mit Saft | 1 EL Speisestärke | 1 TL weißer Kandis | 150 g Sahne

Zubereitung:

1. Die Butter in einer Schüssel schaumig rühren.
2. Die Eier einzeln aufschlagen und im Wechsel mit dem Zucker unter ständigem Rühren zur Butter geben. Jedes Ei sehr gründlich unterrühren. Dann den Rum beifügen.
3. Das Mehl, die Speisestärke und das Backpulver sieben und unter die Masse rühren.
4. Das Waffeleisen erhitzen, gegebenenfalls fetten und die Waffeln ausbacken. Auf einem Kuchengitter erkalten lassen. Mit Puderzucker besieben.
5. Die Kirschen in einem Sieb abtropfen lassen. Den Kirschsaft dabei auffangen und in einem Topf mit der Speisestärke verrühren, bis sie sich aufgelöst hat.
6. Den Kandiszucker zum Saft geben. Unter Rühren aufkochen lassen. Vom Herd nehmen, kurz abkühlen lassen, dann die Kirschen unter den Saft mischen.
7. Die Sahne steif schlagen und zu den Waffeln und Kirschen servieren.

Pro Stück: 6 g Eiweiß, 76 g Kohlenhydrate, 32 g Fett, 620 Kilokalorien

Waffeln gehören im Rheinland sowohl zum Alltag als auch zu vielen Festen. Für den Teig unbedingt Butter und weißen Zucker verwenden, da die Waffeln mit braunem Zucker und Margarine nicht ihren leichten Karamellgeschmack entfalten können. Alternativ zum Kirschkompott schmeckt vor allem in der kalten Jahreszeit zum Beispiel Apfel- oder Quittenmus hervorragend zu den Waffeln.

Himbeereisrolle

Zutaten: (für 12 Stücke)

Für den Teig:
4 Eier | 100 g Zucker | 120 g Mehl | 1 TL Backpulver

Für die Füllung und Verzierung:
250 g Sahne | 300 g TK-Himbeeren | 2 EL Zucker | ca. 12 Himbeeren

Zubereitung:
1. Den Backofen auf 220 bis 240 Grad vorheizen. Ein Backblech mit Backpapier oder Dauerbackfolie auslegen.
2. Die Eier in einer mittelgroßen Schüssel 3 bis 5 Minuten schaumig rühren.
3. Den Zucker unter Rühren einrieseln lassen und die Eimasse 3 bis 5 Minuten weiterrühren.
4. Das Mehl und das Backpulver vermischen, zur Eimasse sieben und unterheben.
5. Die Biskuitmasse gleichmäßig auf dem Backblech verteilen und auf der mittleren Schiene 8 bis 10 Minuten backen.
6. Die fertig gebackene Biskuitplatte mit dem Backpapier beziehungsweise der Backfolie vom Backblech nehmen, ein klein wenig abkühlen lassen und vorrollen.
7. Für die Füllung die Sahne steif schlagen, circa 50 Gramm für die Verzierung beiseitestellen. Die tiefgekühlten Himbeeren mit dem Zucker mixen und unter die restliche Sahne heben.
8. Die Biskuitplatte mit der Himbeer-Sahne-Mischung bestreichen, die Platte nach und nach vom Papier beziehungsweise der Folie lösen und aufrollen.
9. Die Eisrolle mit der übrigen Sahne und den Himbeeren verzieren und sofort servieren.

Pro Stück: 4 g Eiweiß, 21 g Kohlenhydrate, 8 g Fett, 180 Kilokalorien

Eisrollen-Varianten

Zutaten: (für 12 Stücke)

Für das Biskuit:
4 Eier | 80 g Rohrzucker | 60 g Mehl | 60 g Speisestärke | 1½ TL Backpulver

Für die Füllung und Verzierung:
2 Kaktusfrüchte | 500 ml Vanilleeis | 200 g Sahne | 1 EL Zucker | evtl. Schokostreusel

Zubereitung:

1. Den Backofen auf 220 bis 240 Grad vorheizen. Ein Backblech mit Backpapier oder Dauerbackfolie auslegen. Die Eier in einer Schüssel aufschlagen und mit dem Handrührgerät 3 bis 5 Minuten schaumig rühren, den Zucker einrieseln lassen und weitere 3 bis 5 Minuten zu feinem Schaum rühren. Das Mehl, die Speisestärke und das Backpulver vermischen und sieben. Die Mehlmischung zügig unter die Eimasse heben, den Teig auf dem Backblech verteilen und ebnen. Auf der mittleren Schiene 8 bis 10 Minuten backen. Die Biskuitplatte 1 Minute ruhen lassen, dann mit dem Papier bzw. der Folie aufrollen und abkühlen lassen.
2. Die Schale der Kaktusfrüchte mit einem spitzen Messer einritzen und abziehen. Eine halbe Kaktusfrucht in Scheiben schneiden, die Scheiben halbieren und für die Verzierung beiseitelegen. Das restliche Fruchtfleisch in Würfel schneiden. Die Biskuitrolle ausrollen. Das Eis leicht antauen lassen und auf die Biskuitplatte streichen. Die Kaktusfruchtwürfel auf dem Eis verteilen. Die Biskuitplatte wieder aufrollen, dabei das Papier beziehungsweise die Folie nach und nach abziehen. Die Rolle in Folie wickeln und mindestens 1 bis 2 Stunden im Tiefkühlfach frosten.
3. Die Eisrolle vor dem Servieren aus dem Tiefkühlfach nehmen, auf eine Platte legen und die Folie entfernen. Die Sahne mit dem Zucker steif schlagen und in einen Spritzbeutel geben. Die Rolle mit aufgespritzten Sahnetupfen oder -streifen und Fruchtstückchen sowie eventuell mit Schokostreuseln verzieren. Mit einem in heißes Wasser getauchten Messer in Portionsstücke schneiden und gleich servieren.

Pro Stück: 5 g Eiweiß, 30 g Kohlenhydrate, 11 g Fett, 240 Kilokalorien

Variante 1

500 ml Vanilleeis mit 300 g Brombeeren für die Füllung und Verzierung

Variante 2

Zitroneneis mit dünn geschnittenen Spalten einer unbehandelten Limette für die Verzierung

Variante 3

Fruchteismischungen nach Wahl mit den passenden Früchten für die Verzierung

Variante 4

Nusseismischungen nach Wahl mit dünn geschnittenen Spalten einer unbehandelten Zitrone oder Orange für die Verzierung

Tipp

Das Biskuit lässt sich zum Beispiel durch das Hinzufügen von 60 Gramm geriebener Schokolade oder 2 Esslöffeln Kakao zur Mehlmischung noch variieren.

Feiner Heidelbeerkuchen

Feiner Heidelbeerkuchen

Zutaten: (für 1 Springform, Durchmesser 28 Zentimeter, ergibt 16 Stücke)

Für den Mürbeteig:
250 g Mehl | 125 g Butter | 65 g Zucker | 1 Ei

Für die Füllung:
3–4 EL Grieß | 500 g frische oder TK-Heidelbeeren | 4 Eier | 120 g Zucker | 2 EL Mehl | 50 g Sahne | 200 g Sauerrahm

Zubereitung:

1. Das Mehl in eine Schüssel sieben. Die Butter in Flöckchen, den Zucker und das Ei dazugeben. Alles zu einem Teig kneten. In Folie verpackt 1 Stunde kalt stellen.
2. Den Backofen auf 200 Grad vorheizen. Eine Springform fetten.
3. Den Teig auf einer leicht bemehlten Unterlage ausrollen und in die Backform legen. Überstehenden Rand abschneiden.
4. Den Teigboden mit Grieß bestreuen. Die Heidelbeeren in der Backform verteilen.
5. Die Eier 2 bis 3 Minuten schaumig rühren. Den Zucker dazugeben und nochmals 2 bis 3 Minuten rühren.
6. Das Mehl mit der Sahne glatt rühren und mit dem Sauerrahm zum Eischaum geben. Mit einem Schneebesen unter die Masse ziehen und die Masse gleichmäßig über die Beeren verteilen.
7. Den Kuchen auf der mittleren Schiene 50 bis 55 Minuten backen.

Pro Stück: 4 g Eiweiß, 29 g Kohlenhydrate, 11 g Fett, 240 Kilokalorien

Dresdner Eierschecke

Zutaten: (für 1 Blechkuchen, ergibt 20 Stücke)

Für die Puddingschicht:
2 Pck. Vanillepuddingpulver | 100 g Zucker | 600 ml Milch | 200 g Butter | 4 Eigelb | 6 Eiweiß

Für den Teig:
400 g Mehl | 1 Würfel Hefe | 250 ml handwarme Milch | 80 g Zucker | 1 Ei | 80 g Butter | 1 Pr. Salz

Für die Quarkschicht:
1 unbeh. Zitrone | 1 kg Speisequark (20 % Fett) | 2 Eigelb | 100 g Rohrzucker | 1 Pck. Vanillezucker | 1 Pr. Salz | 100 g Mandelblättchen | 80 g Rosinen

Zum Fertigstellen:
50 g Butter | 50 g Zucker

Zubereitung:

1. Für die Puddingschicht das Puddingpulver mit dem Zucker mischen und mit etwas kalter Milch glatt rühren. Die restliche Milch und die Butter in Stückchen in einem Topf zum Kochen bringen. Unter Rühren das aufgelöste Puddingpulver dazugießen, nochmals kurz aufkochen lassen. Den Topf vom Herd nehmen und abkühlen lassen.
2. Für den Teig das Mehl in eine Schüssel sieben und in die Mitte eine Mulde drücken. Die Hefe mit etwas Milch und einer Prise Zucker auflösen und in die Mulde gießen. Die Flüssigkeit leicht mit dem Mehl verrühren. Abgedeckt 15 Minuten ruhen lassen.
3. Das Ei aufschlagen und leicht verquirlen. Die Butter in einem Topf bei geringer Hitze schmelzen und mit der restlichen Milch, dem restlichen Zucker, dem Ei und dem Salz zum Hefevorteig geben. Den Teig glatt kneten und schlagen, bis er Blasen wirft. Abdecken und 20 Minuten ruhen lassen.
4. Für die Quarkschicht die Zitrone mit heißem Wasser abbrausen, trocken tupfen und die äußere Schale fein abreiben. 1 Teelöffel Zitronensaft auspressen.
5. Den Quark mit dem Eigelb, der Zitronenschale, dem Zitronensaft, dem Zucker, dem Vanillezucker und dem Salz in einer Schüssel schaumig rühren.
6. Die Mandelblättchen unter die Masse heben.
7. Den Backofen auf 180 Grad vorheizen. Ein Backblech fetten.
8. Den Hefeteig auf einer leicht bemehlten Unterlage auf die Größe des Backblechs ausrollen und auflegen.
9. Die Quarkschicht gleichmäßig auf dem Teigboden verteilen. Die Rosinen über die Quarkmasse streuen.
10. Das Eigelb für die Puddingschicht unter die abgekühlte Puddingmasse rühren.
11. Das Eiweiß zu festem Schaum schlagen und unter den Pudding heben. Die Puddingcreme auf die Quarkmasse streichen. Auf der mittleren Schiene 70 bis 80 Minuten goldgelb backen.
12. Zum Fertigstellen die Butter in einem Topf schmelzen. Den noch heißen Kuchen mit der Butter bestreichen und mit Zucker bestreuen.

Pro Stück: 12 g Eiweiß, 41 g Kohlenhydrate, 22 g Fett, 410 Kilokalorien

Die große Getränkevielfalt

Wer ein Ei klaut, schreckt vor Größerem nicht zurück.

Leichter Eierlikör

(ca. 15 % Vol.)

Zutaten:

(ergibt ca. ½ l fertiger Likör)

3 Eigelb
100 g Rohrzucker | Mark von ½ Vanilleschote oder 1 TL Bourbon-Vanillezucker | 1 Pr. gem. Muskatblüte | 125 ml Milch | 100 g Sahne | 250 ml Kornbrand (38 % Vol.)

Zubereitung:

1. Das Eigelb und den Zucker in eine Metallschüssel geben und mit dem Handrührgerät schaumig rühren.
2. Das Vanillemark und die gemahlene Muskatblüte unter die Eimasse heben. →

Leichter Eierlikör

Omas Eierlikör

3. Die Schüssel mit der Eimasse in circa 50 Grad heißes Wasser stellen und 2 bis 3 Minuten weiterrühren. Dabei ganz langsam die Milch und die Sahne in dünnem Strahl zulaufen lassen und gut verrühren.
4. Die Schüssel aus dem Wasserbad nehmen. Den Kornbrand unter Rühren sehr langsam dazugießen (sonst gerinnt das Eigelb).
5. Den Likör in eine Flasche abfüllen und die Flasche gut verschlossen kühl stellen.

Pro Glas (2 cl): 1 g Eiweiß, 4 g Kohlenhydrate, 2 g Fett, 50 Kilokalorien

Der Likör kann sofort verwendet werden, steigert seine Genussreife in den folgenden zwei Wochen aber noch bis zu seinem vollen Aroma.
Die Eier sollten ganz frisch sein, keinesfalls älter als fünf Tage.
Der Likör hält sich bis zu zwei Monate, in der angebrochenen Flasche maximal eine Woche.

Eierlikör ist wohl der bekannteste Likör. Er lässt sich sehr vielseitig einsetzen und hat in der Küche seinen festen Platz. Er verfeinert Eiscremes, Rührkuchen und Torten. Auch für Mixgetränke wird er sehr gern verwendet.

Omas Eierlikör

(ca. 18 % Vol.)

Zutaten: (ergibt ca. ½ l fertigen Likör)

1 unbeh. Orange | 150 g Rohrzucker | 110 ml Wasser | Mark von ½ Vanilleschote | 6 Eigelb
120 ml Weingeist/Reinalkohol (90–96 % Vol.) | 50 ml destilliertes Wasser

Zubereitung:

1. Die Orange mit heißem Wasser abbrausen und trocken tupfen. Die äußere Schale der Orange fein abreiben, sodass keine weißen Schalenanteile mit abgerieben werden. Aus der Orange 3 Esslöffel Saft auspressen.

2. Den Zucker, das Wasser und den Orangensaft langsam in einem Topf erhitzen und rühren, bis sich der Zucker ganz aufgelöst hat. Entstandenen Schaum abschöpfen. Den Topf vom Herd nehmen, die Orangenschale und das Vanillemark unterrühren. Handwarm abkühlen lassen.
3. Das Eigelb in einer Schüssel glatt rühren und durch ein feines Sieb streichen. Den Zuckersirup unter Rühren langsam zum Eigelb gießen. Den Weingeist und das destillierte Wasser mischen und ebenfalls unter Rühren sehr langsam dazugießen (sonst gerinnt das Eigelb).
4. Den Likör in sterilisierte Flaschen abfüllen und die Flaschen gut verschlossen kühl lagern (am besten im Kühlschrank).

Pro Glas (2 cl): 1 g Eiweiß, 6 g Kohlenhydrate, 2 g Fett, 50 Kilokalorien

Der Eierlikör kann sofort verwendet werden.
Die Eier sollten ganz frisch sein, keinesfalls älter als fünf Tage.

Der Likör hält sich bis zu zwei Monate, in der angebrochenen Flasche maximal eine Woche.

Milchmixgetränke

Grundrezept

Zutaten: (für 2 Portionen)

250 ml Milch | 2 Eier | 3 EL Honig

Zubereitung:

Die Milch, die Eier und den Honig kräftig verrühren und leicht aufschäumen.

Pro Portion: 11 g Eiweiß, 34 g Kohlenhydrate, 10 g Fett, 280 Kilokalorien

Variationen:

Schoko-Mix
1 EL Kakao und 1 EL Cognac zum Grundrezept geben und gut vermengen.

Mokka-Mix
2 EL Kaffee-Extraktpulver und 1 EL Cognac zum Grundrezept geben und gut vermengen.

Bananen-Mix
Die Banane mit der abgeriebenen Schale einer unbehandelten Zitrone und 1 EL Zitronensaft pürieren, zum Grundrezept geben und gut vermengen.
Je 2 Eiswürfel in 2 hohe Trinkgläser mit Trinkhalm geben und mit dem Getränk übergießen.

Erdbeer-Mix
100 g Erdbeeren mit 1 EL Zitronensaft pürieren, zum Grundrezept geben und gut vermengen.

Orangen-Mix
Saft von einer Orange und 1 EL Bitterorangenlikör zum Grundrezept geben und gut vermengen.

Barbados-Flip (alkoholfrei)
Eine Banane schälen und mit einer Gabel zerdrücken. Zusammen mit 2–3 EL Sanddornsaft zum Grundrezept geben und gut vermengen.

Eiercognac

Zutaten: (für 6 Portionen)
½ Vanilleschote | 100 g Sahne | 100 g Puderzucker | 2 Eigelb | 175 ml Cognac

Zubereitung:
1. Die Vanilleschote mit einem Messer der Länge nach aufschneiden und das Mark herauskratzen. Das Vanillemark und die Schote mit der Sahne aufkochen, danach vollkommen abkühlen lassen. Die Vanilleschote herausnehmen.
2. Die Sahne mit dem Puderzucker und dem Eigelb schaumig rühren.
3. Unter ständigem Rühren den Cognac unter die Sahnemasse rühren. In ausgekochte Flaschen abfüllen, verschließen und kalt stellen.

Pro Portion: 1 g Eiweiß, 18 g Kohlenhydrate, 7 g Fett, 210 Kilokalorien

Kaffee-Eier-Punsch

Zutaten: (für 2 Personen)

5 Eigelb | 100 g Zucker | 500 ml heißer starker Kaffee

Zubereitung:

1. Das Eigelb mit dem Zucker in einer Schüssel schaumig rühren.
2. Die Eimasse und den Kaffee in einem Topf bei mittlerer Hitze unter Rühren erhitzen, bis die Masse einmal aufwallt.
3. Den Topf vom Herd nehmen und das Getränk auf zwei Henkeltassen verteilen.

Pro Portion: 8 g Eiweiß, 50 g Kohlenhydrate, 16 g Fett, 380 Kilokalorien

Kaiser-Melange

Zutaten: (für 1 Person)

125 ml starker Kaffee | 125 ml heiße Milch | 1 Eigelb | 1 TL Weinbrand | etwas Zucker

Zubereitung:

1. Den Kaffee mit der Milch in eine Henkeltasse geben.
2. Das Eigelb unter Rühren zum Milchkaffee geben.
3. Den Weinbrand dazugießen und das Getränk nach Geschmack mit Zucker süßen.

Pro Portion: 7 g Eiweiß, 6 g Kohlenhydrate, 11 g Fett, 170 Kilokalorien

Rum-Flip

Zutaten: (für 1 Portion)

1 Ei | 2 TL Zucker | 50 ml Rum | 1 TL Bitterorangenlikör | etwas zerkleinertes Eis

Zubereitung:

Die Zutaten in einem Schüttelbecher vermischen und gleich servieren.

Pro Portion: 7 g Eiweiß, 22 g Kohlenhydrate, 6 g Fett, 290 Kilokalorien

Als Flips sind Eiermixgetränke bekannt, die besonders stärkend und gut bekömmlich sein sollen. Angeblich gibt es sogar kein besseres Mittel gegen einen Kater nach zu üppigem Alkoholgenuss als den Flip.

Baltimore Eggnog

Zutaten: (für 1 Portion)

1 Eigelb | 20 ml Brandy oder Cognac | 20 ml Rum | 20 ml Madeirawein | 250 ml Milch
1 Pr. ger. Muskatnuss oder Cayennepfeffer (nur für Liebhaber!)

Zubereitung:

1. Das Eigelb, den Brandy oder Cognac, den Rum und den Madeira im Schüttelbecher vermischen und in ein großes Glas mit Trinkhalm gießen.
2. Mit der Milch auffüllen und mit geriebener Muskatnuss oder Cayennepfeffer bestreuen.

Pro Portion: 12 g Eiweiß, 14 g Kohlenhydrate, 15 g Fett, 360 Kilokalorien

Unter Eggnog versteht man die Variante eines Flips mit Milch. Es gibt sie sowohl als kalte Variante mit Eis als auch mit heißer Milch.

Samba Eggnog

Zutaten: (für 1 Portion)

2–3 Eiswürfel | 2 TL Zuckersirup | 2 Eigelb | 50 ml Portwein | 1 EL Rum | 1 EL Cherry Brandy | 50 ml Milch

Zubereitung:

Die Eiswürfel in einen Schüttelbecher geben. Die anderen Zutaten zufügen, kräftig schütteln und durch ein Haarsieb in ein großes Glas mit Trinkhalm gießen.

Pro Portion: 8 g Eiweiß, 28 g Kohlenhydrate, 15 g Fett, 370 Kilokalorien

Rum Knickebein

Zutaten: (für 1 Portion)

20 ml Bitterorangenlikör | 1 Eigelb | etwas klein geh. Orangeat | 20 ml Rum

Zubereitung:

1. Den Likör in ein Likör- oder kleines Sektglas gießen.
2. Das Eigelb unverquirlt in das Glas gleiten lassen.
3. Das Orangeat über dem Eigelb verteilen.
4. Den Rum einfüllen.

Pro Portion: 3 g Eiweiß, 9 g Kohlenhydrate, 6 g Fett, 190 Kilokalorien

Tipp

Alle Zutaten gut kühlen. Beim gesamten Zubereitungsvorgang nicht rühren!

Der Rum Knickebein wird traditionell wegen des Eigelbs in einem Schluck getrunken. Deswegen ist die Trinkmenge pro Glas sehr gering gehalten.

Das Eigelb bei diesem Trunk trennt den Branntwein vom darunterliegenden Likör, „knickt“ also süß und herb. Bei verschiedenen Knickebein-Varianten wird das Eigelb zum Beispiel mit Kakaopulver oder Schokoladenraspeln, mit gehackten Mandeln, Walnüssen oder geriebener Zitronenschale bestreut.

Eiergrog

Zutaten: (für 4 Portionen)

250 ml Rum | 4 Eigelb | 4 EL Rohrzucker | etwas Zimt zum Bestreuen

Zubereitung:

1. Den Rum in einem kleinen Topf erhitzen, aber nicht kochen.
2. Das Eigelb und den Zucker schaumig rühren.

Eiergrog

3. Den Rum unter ständigem Rühren zum Eigelb geben. Den Grog auf 3 bis 4 Henkeltassen verteilen, mit Zimt bestreuen und servieren.

Pro Portion: 3 g Eiweiß, 20 g Kohlenhydrate, 6 g Fett, 300 Kilokalorien

Tipp

Der Grog ist ein ungewürzter Punsch aus Rum, Zucker, Zitronensaft und heißem Wasser. Er ist durch die Seefahrerei vor allem im Norddeutschen verbreitet. Die Herkunft des Grogs lässt sich auf den britischen Admiral Edward Vernon zurückführen, der den Spitznamen „Admiral Grog" trug. Entweder trank er ihn selbst gern oder, so wird berichtet, er entwickelte ihn für seine Mannschaften als Sparmaßnahme, um an wertvollem Rum zu sparen. Mit Sicherheit hat er jedoch damit die Qualität der oft knappen Wasserversorgung auf See verbessert und die rauen, feuchtkalten Seetage erträglicher gestaltet in weiser Voraussicht, die Ausartung in puren Rumübergenuss zu vermeiden.

Achtung:
Alle heißen Eiermischgetränke müssen möglichst rasch getrunken werden, damit das Ei nicht ausflockt.

Almkaffee-Punsch

Zutaten: (für 4 Portionen)

3 Eigelb | 75 ml Rum | 6 TL Zucker | 375 ml heißer Kaffee | etwas flüssige Sahne

Zubereitung:

1. Das Eigelb, den Rum und den Zucker mit einem Schneebesen verrühren.
2. Den heißen Kaffee und nach Belieben flüssige Sahne dazugeben. Nochmals kurz rühren, in hitzebeständige Gläser füllen und sofort servieren.

Pro Portion: 2 g Eiweiß, 8 g Kohlenhydrate, 5 g Fett, 130 Kilokalorien

Arrak-Eier-Punsch

Zutaten: (für 4 Portionen)

150 g Rohrzucker | 500 ml heißer, starker Schwarztee | 3 Eigelb | 125 ml Arrak

Zubereitung:

1. Die Hälfte des Zuckers im heißen Tee auflösen.
2. Den restlichen Zucker mit dem Eigelb und dem Arrak in einer kleinen Schüssel verrühren, unter Rühren zum heißen Tee geben, in hitzebeständige Gläser verteilen und sofort servieren.

Pro Portion:2 g Eiweiß, 38 g Kohlenhydrate, 5 g Fett, 280 Kilokalorien

Hoppel-Poppel

Zutaten: (für 4 Portionen)

4 Eigelb | 6 TL Zucker | 250 ml gut gekühlte Sahne | 250 ml weißer Rum oder Arrak | etwas ger. Muskatnuss oder abger. Schale von 1 unbeh. Zitrone

Zubereitung:

1. Das Eigelb und den Zucker mit dem Schneebesen schaumig rühren.
2. Die Sahne und den Rum unter Rühren dazugeben.
3. Etwas Muskatnuss oder Zitronenschale über das Getränk reiben und sofort servieren.

Pro Portion: 5 g Eiweiß, 17 g Kohlenhydrate, 25 g Fett, 460 Kilokalorien

Tom und Sherry

Zutaten: (für 4 Portionen)

4 Eier | 4 EL Zucker | ca. 200 ml Weinbrand oder Rum | ca. 400 ml stark gekühlte Milch

Zubereitung:

1. Die Eier trennen. Das Eiweiß zu festem Schaum schlagen. Das Eigelb mit dem Zucker schaumig rühren.

2. Das Eigelb mit einem Schneebesen unter den Eiweißschaum mischen und in 4 hohe Gläser verteilen.
3. 3 Esslöffel Weinbrand oder Rum in jedes Glas geben.
4. Die Gläser mit kalter Milch auffüllen und sofort servieren.

Pro Portion: 10 g Eiweiß, 26 g Kohlenhydrate, 9 g Fett, 350 Kilokalorien

Prairie Oyster

Zutaten: (für 1 Portion)

2 TL Worcestershiresoße | 1 Eigelb | 2 TL Tomatenketchup | etwas Salz | etwas schwarzer Pfeffer | etwas Paprikapulver, edelsüß | 2 TL Zitronensaft | 2 TL Olivenöl | 1 Glas Mineralwasser zum Nachspülen

Zubereitung:

1. Die Worcestershiresoße in ein flaches Cocktailglas geben.
2. Das Eigelb vorsichtig auf die Soße gleiten lassen.
3. Das Ketchup um das Eigelb verteilen.
4. Mit wenig Salz, Pfeffer und Paprikapulver würzen.
5. Den Zitronensaft und das Öl darüberträufeln.
6. Traditionell nicht verrühren und in einem Schluck trinken.

Pro Portion: 4 g Eiweiß, 12 g Kohlenhydrate, 17 g Fett, 220 Kilokalorien

Tipp

Dieser anmutige Trunk wird im Fall eines zuvor zu hohen Alkoholgenusses verwendet. Die beschriebene positive Wirkung ist vermutlich auf das Einwirken auf die Magenschleimhaut zurückzuführen.

Inas
Eierlikör
Datum:

Alphabetisches Verzeichnis der Rezepte

Besser bekommt, mit Frieden ein Ei zu genießen, als im Streit ein fürstliches Menü.

PFEFFER

Leckeres aus der Landküche zu allen Gelegenheiten

mein Landleben

AUFLÄUFE UND GRATINS

144 Seiten
farbig, gebunden
ISBN 978-3-86127-884-9

BACKOFENTRÄUME

144 Seiten
farbig, gebunden
ISBN 978-3-86127-890-0

BROTREZEPTE

160 Seiten
farbig, gebunden
ISBN 978-3-86127-882-5

LAUGENGEBACKENES

160 Seiten
farbig, gebunden
ISBN 978-3-86127-881-8

TORTENGEHEIMNISSE

192 Seiten
farbig, gebunden
ISBN 978-3-86127-895-5

TORTENTRÄUME

176 Seiten
farbig, gebunden
ISBN 978-3-86127-893-1

CADMOS

Cadmos Verlag GmbH · Möllner Straße 47 · 21493 Schwarzenbek
Telefon 04151 87 90 70 · Fax 04151 87 90 7-12
Besuchen Sie uns im Internet: **www.cadmos.de**